Queridísimo Klaus,

este regalo quiere ser un
pequeño agradecimiento
para un periodista y amigo
que admiro y que me ayudó
desde mis primeros pasos.
Gracias por hacerme sentir
siempre en casa y como
parte de tu familia.

Martín
/Berlín 2013

Bestiario del poder

Plaza Pública

Plaza Pública
Martín Rodríguez Pellecer
Enrique Naveda
Luis Ángel Sas
Ana Martínez de Zárate

BESTIARIO DEL PODER

Bestiario del poder
Plaza Pública

Primera edición
D.R. © Plaza Pública
D.R. © 2012 F&G Editores
Diseño de portada: F&G Editores.
Ilustración y diseño de portada: Dénnys Mejía.

Impreso en Guatemala
Printed in Guatemala

F&G Editores
31 avenida "C" 5-54, zona 7
Colonia Centro América
Guatemala, Guatemala
Telefax: (502) 2439 8358 y (502) 5406 0909
informacion@fygeditores.com
www.fygeditores.com

ISBN: 978-9929-552-50-0

Guatemala, febrero de 2012

Bestiario (del lat. bestiarius)

1. En los circos romanos, hombre que luchaba con las fieras.

2. En la literatura medieval, colección de relatos, descripciones e imágenes de animales reales o fantásticos.

A nuestros colegas y a quienes se fajaron para que hoy podamos escribir con esta libertad.

Plaza Pública

Contenido

Siglas y acrónimos usados   xiii

Prólogo
    Martín Rodríguez Pellecer   1

1. "Si no pensamos como país, seremos más
pobres y a las puertas de un estallido social"
    Entrevista con Marco García Noriega,
    presidente del Cacif, por Martín Rodríguez Pellecer   5

2. "Es la primera vez que veo a los
grupos tradicionales en segunda fila"
    Entrevista con Edgar Gutiérrez,
    por Enrique Naveda   19

3. El turno de los conservadores
    Análisis por Martín Rodríguez Pellecer   33

4. Otto Pérez. Por sus actos lo conocerás
    Perfil, por Enrique Naveda   43

5. "Quiero que alguien me
demuestre que hubo genocidio"
    Entrevista con Otto Pérez Molina,
    por Martín Rodríguez Pellecer   71

6. Las contradicciones de la
vicepresidente Roxana Baldetti
    Perfil, por Ana Martínez de Zárate   93

7. Alejandro Sinibaldi. El que maneja la plata
    Perfil, por Enrique Naveda   117

8. Manuel Baldizón, el Berlusconi de Petén
    Perfil, por Luis Ángel Sas y
    Martín Rodríguez Pellecer   135

9. Gustavo Alejos, el omnímodo
    Perfil, por Enrique Naveda   151

10. La fiscal que movió el árbol
    Perfil, por Luis Ángel Sas   165

11. "Se renunció al impuesto a las telefónicas
a cambio de aportes a la campaña de Sandra Torres"
    Entrevista con Juan Alberto Fuentes Knight,
    por Enrique Naveda   173

12. Bienaventurados los bancos
(porque de ellos será el Tesoro del Estado)
    Reportaje, por Enrique Naveda   197

13. El tranquilo refugio
gubernamental de Erwin Sperisen
    Reportaje, por Martín Rodríguez Pellecer   205

14. El camino de los fantasmas
    Reportaje, por Martín Rodríguez Pellecer   217

Siglas y acrónimos usados

ADN	Acción de Desarrollo Nacional
Arena	Alianza Republicana Nacionalista
Asomovidinq	Asociación de Movimiento de Víctimas para el Desarrollo Integral en el Norte del Quiché
Banguat	Banco de Guatemala
Banrural	Banco de Desarrollo Rural
Bantrab	Banco de los Trabajadores
CABI	Central American Business Intelligence
CACIF	Comité Coordinador de Asociaciones Agrícolas, Comerciales, Industriales y Financieras
Camtur	Cámara de Turismo
CC	Corte de Constitucionalidad
CEH	Comisión para el Esclarecimiento Histórico
CIA	Agencia Central de Inteligencia
CICIG	Comisión Internacional contra la Impunidad en Guatemala
Ciciacs	Comisión de Investigación de Cuerpos Ilegales y Aparatos Clandestinos de Seguridad

CIDH	Corte Interamericana de Derechos Humanos
CIG	Cámara de Industria de Guatemala
Covial	Unidad ejecutora de conservación vial
Creo	Compromiso,Renovación y Orden
CSJ	Corte Suprema de Justicia
EG	Encuentro por Guatemala
EGP	Ejército Guerrillero de los Pobres
EMP	Estado Mayor Presidencial
Fepyme	Federación de Pequeñas y Medianas Empresas
Fonpetrol	Fondo para el Desarrollo Económico de la Nación
FRG	Frente Republicano Guatemalteco
FES	Fundación Friedrich Ebert
GANA	Gran Alianza Nacional
Iccpg	Instituto de Estudios Comparados en Ciencias Penales de Guatemala
Icefi	Instituto Centroamericano de Estudios Fiscales
IDIES	Instituto de Investigaciones Económicas y Sociales
IGSS	Instituto Guatemalteco de Seguridad Social
Incae	Instituto Centroamericano de Administración de Empresas
INDE	Instituto Nacional de Electrificación
Inguat	Instituto Guatemalteco de Turismo
ISR	Impuesto sobre la renta
IVA	Impuesto al valor agregado
Lider	Libertad Democrática Renovada
MDF	Mercados de Futuros
MP	Ministerio Público
MR	Movimiento Reformador
NIT	Número de identificación tributaria
OEA	Organización de Estados Americanos

OMC	Organización Mundial del Comercio
ONG	Organización no gubernamental
ONU	Organización de las Naciones Unidas
Orpa	Organización del Pueblo en Armas
OSI	Open Society Institute
Pacur	Programa de Apoyo Comunitario y Rural
PAN	Partido de Avanzada Nacional
PNC	Policía Nacional Civil
PP	Partido Patriota
PSN	Partido Solidaridad Nacional
Remhi	Proyecto Interdiocesano para la Recuperación de la Memoria Histórica
SAT	Superintendencia de Administración Tributaria
Segeplan	Secretaría General de Planificación y Programación de la Presidencia
SIAF	Sistema Integrado de Administración Financiera
TSE	Tribunal Supremo Electoral
UCN	Unión del Centro Nacional
Udefegua	Unidad de Protección a Defensores de Derechos Humanos
UNE	Unidad Nacional de la Esperanza
URL	Universidad Rafael Landívar
URNG	Unidad Revolucionaria Nacional Guatemalteca
Usac	Universidad de San Carlos
Viva	Visión con Valores
WOLA	Washington Office for Latin America

Prólogo

Plaza Pública es un sueño de periodistas de a pie y de ciudadanos. De una generación que heredó un país con libertad de expresión y una prensa que en 25 años perdió el miedo a los políticos y los militares. Pero también una generación con una deuda periodística en cuanto a la complejidad, los matices y la fiscalización de todos los poderes de la sociedad, públicos, privados y ciudadanos.

Invitados y auspiciados por la Universidad Rafael Landívar para hacer un periodismo de profundidad, fundamos un medio *on line*, independiente, comprometido con la democracia, los derechos humanos y la búsqueda de la verdad.

Plaza Pública no pretende hacer un periodismo heroico y con aspiraciones de infalibilidad. Más bien un periodismo básico, bien hecho, que cuenta las cosas que puede comprobar, las contextualiza y, sobre todo, las llama por su nombre. A esto añadimos rigor, calidad y mucho trabajo. En este año que ha transcurrido desde nuestro lanzamiento el 22 de febrero de 2011, hemos dividido nuestra atención en tres intersticios: la relación entre la política y la economía, en especial con las élites; la relación entre la política y el crimen organizado; y los temas sociales, incómodos, de subalternos.

Este *Bestiario del poder*, primer libro de una serie con F&G Editores, recoge el conjunto de temas sobre la política dura y alegre, perfiles de cinco de los políticos más poderosos en 2011, de los cuales en 2012 tres gobernarán desde el Ejecutivo, otro desde el teléfono en el Congreso y uno más desde las sombras, o desde oficinas empresariales. Otro perfil es de una fiscal que, con sus maneras suaves y su perseverancia se enfrenta, ella sí, a algo de lo más oscuro de nuestro presente y de la historia de Guatemala. Junto a los seis perfiles hay cuatro entrevistas sobre cuestiones medulares del poder, un análisis y dos relatos periodísticos; uno que cuenta cómo la élite y el Estado logran resguardar a uno de los suyos cuando es perseguido por la justicia del mismo Estado; y otro que narra las aventuras para jugarle la vuelta al poder y conseguir una filtración de cables diplomáticos estadounidenses: WikiLeaks.

En este libro hay cuatro firmas, pero en realidad deberían ser decenas. De los fundadores, de los que creyeron en *Plaza Pública* cuando era sólo un proyecto bonito e idealista, de quienes dan todo de sí desde el área administrativa, del grupo de columnistas, de los artistas, de un equipo periodístico que promedia 27 años y en densidad es uno de los mejores de América Latina, del Consejo Editorial, de la Universidad Rafael Landívar, nuestros amables y pacientes lectores, pero sobre todo de nuestros queridos y queridas que reciben menos tiempo de nosotros por este oficio de periodista.

Lo hemos llamado *Bestiario del poder* por ambas acepciones y las que puedan nacer de estos relatos. Porque muchos de nuestros personajes (y de sus autores) son a la vez bestiarios y bestias en medio de la política, que es un arte real y fantástico en el que caminan personajes de saco, corbata y negocios hombro a hombro con sus bestias, propias y ajenas, con el mismo paraguas en esta lluvia de espejos.

Martín Rodríguez Pellecer
Director de Plaza Pública
Ciudad de Guatemala / Kayalá,
Centroamérica, febrero de 2012.

1.

"SI NO PENSAMOS COMO PAÍS, SEREMOS MÁS POBRES Y A LAS PUERTAS DE UN ESTALLIDO SOCIAL"

Entrevista con Marco García Noriega, presidente del Cacif, por Martín Rodríguez Pellecer
14 de junio de 2011

Marco García Noriega es el presidente del Cacif (la patronal) para este año de transición política, de un relativo vacío de poder. Lo fue también cuando se negociaron los Acuerdos de Paz, el pacto fiscal, cuando estuvo Portillo en la Presidencia y en otros momentos de amenaza al *establishment*. En esta entrevista analiza con respuestas cortas, tangenciales, la posición del sector privado ante Sandra Torres, el embate del poder emergente en la competencia por el Estado, la pelea con los cooperativistas o el tema fiscal.

La socióloga Marta Casaús (*Guatemala: Linaje y Racismo*: F&G Editores, 2007) apunta en su investigación que cuando la élite en Guatemala siente que vive un momento complicado, sale de sus negocios hacia la política para asegurar que se mantenga el orden, el *statu quo*. García Noriega, uno de los pesos pesados del empresariado, siete veces presidente de la patronal, personifica esa tesis.

Si el Cacif es el equipo que mejor aplica el *catenaccio* defensivo en América Latina —ha impedido una
reforma fiscal integral desde 1951 y ha mantenido la
carga tributaria menor al 10% del PIB (todo un récord)—,
García Noriega sería uno de sus líberos, su último
defensa. Y de esos italianos como Baresi, Nesta o
Cannavaro. Con sangre fría tira los balones a los cos-
tados, aleja la pelota del área, hace alguna que otra
argucia discursiva de las que permite el árbitro; no se
despeina ni muestra preocupación aun cuando todo
el equipo contrario está en su cancha y está acorralado.
Y disfruta del pitazo final en el minuto 90, cuando
ganan el partido con un 0-0 en los penaltis y revalidan
su título de reyes del mundo, o del país.

*¿Cómo ven desde el Cacif estas elecciones en las que no tienen
una opción política con la que se identifiquen plenamente como
fue la Gana de Berger o el PAN de Arzú?*
Sí, la vemos distinta, primero por el grado de polarización. Luego porque dos partidos llevan la delante-
ra con una distancia bastante amplia (respecto) del
tercer contendiente. Me refiero al Patriota que en
promedio de las encuestas le lleva 20 puntos a Sandra
Torres. Y es una cuestión de dos.
Por primera vez en la historia tenemos un tema
legal —aunque habíamos tenido antes el tema de Ríos
Montt—, ahora se presenta con más formalidad el tema
legal si ella puede ser o no puede ser candidata. Esto
agravado porque muchos sectores e internos del partido le objetan la legalidad de que pueda inscribirse
como candidata.

¿Y para ustedes debería permitírsele participar?

Debemos evitar ser jueces. Para eso está el TSE (Tribunal Supremo Electoral) y si hay que ir a amparo, la CSJ (Corte Suprema de Justicia) y la CC (Corte de Constitucionalidad). Lo importante es que cualquiera que sea el fallo, se acepte. Lo que no es aceptable es que los guatemaltecos impartamos justicia con nuestra propia mano porque eso es lo que conduce a la anarquía y a la ingobernabilidad.

De que hay un tema legal que hay que discutir en las cortes, sí lo hay.

Regreso a la pregunta inicial. ¿Cómo se siente el Cacif con una relación más distante con los partidos que hace siete años?

Con todos los partidos hemos tenido una relación de respeto, y reuniones con cada uno de ellos. Nos interesa mucho ver cómo piensa cada uno de los candidatos y cuáles son sus planes, pues desde 1985 con Vinicio Cerezo, ninguno se ha llevado a cabo y empiezan con una labor de apagafuegos. Lo que le falta al país es una visión de largo plazo.

¿Y ya se reunieron con Otto Pérez y Sandra Torres?

Ya nos reunimos con Otto Pérez y nos hemos reunido... con Harold Caballeros (Viva), el designado como vicepresidente (Roberto) Díaz-Durán (UNE); lamentablemente por la operación de Sandra Torres no nos hemos podido reunir con ella y lo haremos en la próxima semana. La próxima semana nos reuniremos con el PAN, corrimos la reunión con Eddy Suger (Creo) porque estaba indispuesto. Con Adelita Camacho (de Torrebiarte) (ADN) también tuvimos reunión.

*Hace cuatro años, casi todos los principales binomios tenían
un empresario (PP, Gana, UNE, EG) y ahora no. ¿No será que
los políticos decidieron independizarse del Cacif?*

Creo que hay un acercamiento con todos los partidos bastante grande. Hay una comprensión de que
empresario y gobierno tienen que ir de la mano para
resolver los problemas del país. (Piensa) Lo que plantea
un nuevo reto, el de romper los lazos de desconfianza
que había entre la clase política y la clase empresarial.

*Por esos lazos de desconfianza es que empresarios se meten a
hacer política desde los noventa para acá. Como Berger, Vila,
el PAN, Castillo Sinibaldi... Esto no se ve ahora. ¿Cómo se
rompen los lazos de desconfianza entonces?*

Yo no veo ningún gabinete en el que no participe
el sector empresarial.

¿En cualquiera de los partidos que lleguen?

En cualquiera.

*En el caso de Sandra Torres parece haber más animadversión
tanto de ella hacia ustedes como viceversa.*

Es que hemos tenido muy poca comunicación
con ella, pero sí (la tuvimos) con el presidente de la
República, quien era empresario. Ha habido conflictos,
no lo vamos a negar... de percepciones. Lo que previmos
que iba a suceder ha sucedido.

¿En qué sentido?

En el tema de gasto público, de déficit, en el tema
de seguridad. Es decir, básicamente, al principio había
mucha esperanza de que se pudiera mejorar la salud
estando el doctor Rafael Espada ahí, pero sigue tan

desastrosa o peor que como estaba cuando empezó el
gobierno. La infraestructura está en vilo si no se toman
las medidas de emergencia adecuadas y no es normal
para un país. La vivienda. El ataque contra la pobreza
ha retrocedido, aun a nivel centroamericano, no sólo
a nivel nacional. Por eso es importante retomar la
agenda nacional, y siento que la sociedad civil ha tomado un papel más importante cada día: académicos,
empresarios, sindicatos, tanques de pensamiento, el
próximo gobierno tendrá gran fiscalización de la sociedad civil.

*Uno de los puntos de tensión entre el gobierno y el sector privado
ha sido el tema fiscal...*
    Sí.

*...y todo apunta a que ahora aumenta la presión sobre el tema
fiscal. Y justamente ahora, siguiendo la teoría de Casaús de
que las élites salen a lo público cuando se sienten amenazadas,
colocan a uno de sus hombres más experimentados, como usted,
para presidir el Cacif. ¿Cómo interpretan el momento?*
    Mantenemos los mismos principios y la sociedad
civil coincide con esos principios: transparencia, calidad del gasto, educación, salud, seguridad y vivienda.
E invertir esa tendencia de 70% de gastos de funcionamiento y sólo 30% de inversión, y que el Estado
sea una fuente de empleo. Eso es más pobreza a mediano y largo plazo.

*Hace seis años se percibía al Cacif como una fuerza política
capaz de imponer sus puntos con más vehemencia que ahora.
¿Se sienten ustedes menos fuertes?*
    Yo diría que con más fuerza.

¿Por qué?

Porque hemos agregado al sector empresarial (piensa) a muchos elementos pensadores de la sociedad civil... (piensa) Creemos que todos debemos pensar en nuestro país, no como sector sino como ciudadanos porque para unos años vamos a ser 25 millones de habitantes y sólo 0.3% va a tener estudios universitarios... Vamos a ser un país más pobre y a las puertas de un estallido social. Hay un consenso entre líderes de que no debe limitarse el tema político a los centros urbanos, sino a lo rural, respetando a las culturas que enriquecen a Guatemala.

Menciona que han ampliado la participación...

A través del diálogo. Mi experiencia fue que durante la época de conflicto hubo muy poco diálogo. La primera experiencia positiva fue el diálogo del pacto fiscal, en el que hubo 70% de coincidencias con miembros de la exguerrilla, movimientos sociales, indígenas, centros de pensamiento; nos dimos cuenta que hay una gran oportunidad para el país. Lo que ha sucedido es que paralelamente se ha ido desarrollando una clase política que se dio cuenta del poder que tenía en el Congreso, pudiendo anular incluso el actuar del Ejecutivo.

De ese tema le preguntaré, pero antes de eso, menciona que están más fuertes porque se han ampliado, pero en este período es cuando se ha visto más confrontación entre el empresariado tradicional y el emergente. La disputa por los asientos en la Junta Monetaria o el distanciamiento tras el caso Rosenberg son dos ejemplos de un poder en juego entre el poder tradicional y los empresarios emergentes.

El tema de la Junta Monetaria se discutió en la

Corte de Constitucionalidad y emitió una opinión (a favor del Cacif y en contra de las cooperativas). En cuanto a los empresarios emergentes, sí tenemos una distinción muy clara: empresarios emergentes que han hecho su capital con trabajo y honestidad y los que resultan con capital cuyo origen no se puede determinar.

Con los primeros tenemos buena relación, los apoyamos y qué bueno. Siempre se ha conceptualizado Cacif como la reunión de grandes empresarios, pero también hay pequeños empresarios como Fepyme (Federación de Pequeñas y Medianas Empresas).

Igual nos une alguna relación con Rodolfo Orozco (cooperativista) y no por un problema aislado (caso Rosenberg) podemos dejar de pensar en el país.

(Durante la entrevista, García Noriega, de impecable traje oscuro y bien peinado, mantiene un semblante sereno, sin inmutarse con las preguntas, sin prisas en las respuestas. Muy sutilmente, casi imperceptible, aprieta los labios cuando escucha algunas frases y responde como si supiera las respuestas de memoria, aunque sean ángulos que muy pocas veces le señalan en las conferencias de prensa. De pronto, tras varias respuestas serio, se asoman unas mini-gotas de sudor en el cabello, que pronto desaparecen. Sus 23 años de experiencia en negociaciones se advierten desde el primer momento. Y a pesar del labio apretado y el sudor pasajero, el oficio de líbero parece resultarle tan natural como placentero.)

Durante este período hubo un encontronazo entre el poder económico emergente lícito e ilícito y el poder tradicional para disputar el Estado en las cortes.

Se dio un gran paso al decir que el sistema de justicia no funciona como debería ser: que los jueces deberían ser bien pagados (...) porque son verdaderos héroes. Con las elecciones que hubo se dio un gran paso. Conozco a la mayoría de miembros de la Corte Suprema y la Corte de Constitucionalidad y son personas bastante honestas y trabajadoras. Se ha dado un paso adelante.

Una persona con su trayectoria en el Cacif sabe que las cosas en política no ocurren por arte de magia.
No.

Para que no hubiera una corte más cercana a poderes emergentes hubo mucho trabajo de ustedes. ¿Cómo se sienten después de esta batalla?
Bastante satisfechos.

¿Cansados?
No. Satisfechos. Ahora estamos lanzando una campaña de recuperación de los valores. Se tienen que cumplir las normas en la familia, en la escuela, en la sociedad, y tenemos que recuperar los valores.

Si bien están satisfechos con el resultado de las cortes, en el Congreso tienen más fuerza los poderes emergentes. Incluso, el Cacif ha contratado consultorías para comprender por qué los diputados no les hacen tanto caso como antes, por qué son más independientes de ustedes, el poder tradicional.
(Asiente) La gran mayoría de guatemaltecos no son de partidos políticos, por la represión que hubo. Y ahora tenemos una gran cantidad de jóvenes que sí quiere participar en política. Antes era pecado.

(Sonríe por primera vez en la entrevista). Este tabú se ha ido rompiendo.

Más o menos. Tengo amigos y familiares jóvenes en política y cuando lo mencionan la reacción que obtienen no es muy positiva.
Pero es de la generación anterior. Ahora ya hay una participación; el que está de periodista opina de política abiertamente. Ahora lo que toca es el fortalecimiento de los partidos políticos, porque aquí hay 25 partidos y muchos con posibilidades nulas de llegar, y sólo están ahí por salir en la foto.

Habla de que lo que hay que hacer es fortalecer los partidos (para competir en el Congreso) y que hay muchos partidos, pero en América Latina normalmente la derecha sólo tiene un partido. Arena salvadoreña, PAN mexicano, La U colombiana... pero acá hemos visto pasar partidos proempresariales como el PAN, la Gana de Berger, los unionistas, ahora Creo, Viva, Partido Patriota... ¿Van a trabajar ustedes para que sólo haya un partido proempresarial?
Yo diría que apoyaremos al gobierno que tenga una visión de país.

Se refiere con eso a apoyar al que gane las elecciones democráticamente.
Sí. Vamos a apoyar al que tenga conciencia de que las cosas no se resuelven en un minuto, sino a largo plazo.

Vamos al Estado de Derecho. En el Polochic ha habido varios desalojos violentos a pesar de que había diálogos en marcha. Los empresarios Widmann le han dicho a Plaza Pública que están muy satisfechos con el accionar del Estado, de la exprimera dama y el ministro de Gobernación. ¿Cómo lo ven ustedes?

El problema es más profundo. Aquí hay un tema primero del respeto al derecho de propiedad, que es incuestionable, es un derecho constitucional y es un derecho humano. Ése es el primer tema. El segundo es que mucha gente estaba ocupando estos terrenos probablemente dirigidos por líderes irresponsables que creían que este ingenio iba a quebrar y ellos iban a hacer su agosto vendiendo estas tierras. Diálogo hubo durante muchísimo tiempo. Lamentablemente los desalojos pueden ser pacíficos o violentos. Si se hacen dentro del marco legal y con orden de juez competente, aquí es el tema de si se cumple o no se cumple (el Estado de Derecho).

Creo que el tiempo dará la razón. El grupo que adquirió este ingenio es un grupo muy serio. Siento que va a generar muchísimos empleos a mediano y largo plazo. La respuesta se dará a muy corto plazo. Platiquemos en dos años y veremos si tienen la razón los demagogos o los empresarios que quieren llevar desarrollo y mejorar a las comunidades en donde están asentadas las empresas.

Estamos trabajando un tema sobre cómo los bancos han sido de los pocos ganadores con la crisis económica fiscal por medio de utilidades con la deuda interna. ¿Cómo lo ven desde el Cacif?

A todo el mundo se le olvida que en 2006 hubo una reestructuración financiera completa. El hecho de que la banca en Guatemala sea conservadora hizo que no invirtiera en productos derivativos y especulativos, y la reestructuración de las leyes financieras ha permitido que se administren los riesgos de los créditos de la mejor manera posible.

La banca no vive de los préstamos del gobierno

en general; son cosas coyunturales. Siento que también el tema de tener una deuda que supere el 3.5 del PIB es peligroso porque al final trae inflación y no permite salir al país adelante. Los niveles macroeconómicos se llevan con bastante responsabilidad; lo reconocen los organismos internacionales.

Si ustedes consideran irresponsable aumentar la deuda, vamos a ver en estos cuatro años a un Cacif tan opuesto como siempre a una reforma fiscal o un poquito más abierto para negociar.

Nosotros siempre hemos negociado las reformas fiscales.

Pero siempre evitan que se aprueben.

No. Lo que sucede es que tenemos modificaciones a las reglas fiscales cada dos años. En los últimos 23 años yo he participado de 45 reformas fiscales.

En todo caso serán reformitas.

Reformitas, como quiera. El país no puede seguir eso, sino reglas estables. Lo que ha parado a que haya una buena reforma fiscal es la calidad de gasto, transparencia y generalidad en el pago de impuestos, ampliar la base e incorporar a la economía informal, que puede estar llegando al 70%.

También se calcula que la mitad de esa economía informal es de autoempleo, de empleo familiar, empleo muy precario y pequeño...

Sí, pero a veces no son tan pequeños, sino que producen utilidades.

¿Y por qué no para evitar que en 23 años hayan otras 45 reformitas no hacer una reforma integral del ISR, por ejemplo?

Pero no sólo eso. Tienen que haber principios. Transparencia, ampliación de la base, calidad del gasto, que los de inversión vayan a ser superiores a los gastos de funcionamiento.

Eso no hay gobierno que lo haga, ni aquí ni en América Latina ni en el mundo.

Pues es el cambio que hay que dar porque si no seguimos manteniendo el Estado como fuente de empleo y no como desarrollador.

Usted hablaba de los elogios internacionales a la macroeconomía, pero también hay una crítica severa a lo poco que se recauda. The Economist Intelligence Unit lo menciona en su primera página del informe. ¿Cómo aumentarla sin tocar estos temas claves (como la reforma del ISR)?

Es que hay que tocarlos. Se había logrado avanzar en estos temas en el pacto fiscal, que se cayó cuando los políticos de entonces vieron una sociedad civil tan unida.

Siempre se pone como requisito la transparencia, pero los avances no se cuentan. La ley de libre acceso a la información, que en El Salvador los empresarios ponían como requisito, aquí ya existe; aquí hay Guatecompras, Sicoin-web... y nunca es suficiente.

¿Funciona o no funciona?

Yo la he usado, la ley de libre acceso, y muchas veces funciona en muchas instituciones.

Ahí está el problema. Funciona regular, tiene que funcionar bien.

Guatecompras y Sicoin sí funcionan.

Pero tienen que haber normas contra enriqueci-
miento ilícito... una nueva ley de servicio civil... porque
si no, es un cheque en blanco.

*Se nos acaba el tiempo (tras 45 minutos). ¿Se reeligirá como
presidente del Cacif en 2012?*

Primero Dios no. (Sonríe, y se distiende por primera vez en la entrevista.)

¿Sólo lo ponen para los momentos de crisis?

(Ríe) Sólo para estos momentos. (Ríe) Es rotativo,
pero la mala suerte es que me toca siempre en estos
momentos.

2.

"Es la primera vez que veo a los grupos tradicionales en segunda fila"

*Entrevista con Edgar Gutiérrez,
por Enrique Naveda*
27 de junio de 2011

En las últimas dos décadas Edgar Gutiérrez (Guatemala, 1960) ha vivido muy de cerca algunos de los acontecimientos clave del país: como coordinador del proyecto Recuperación de la Memoria Histórica (Remhi), como secretario de análisis estratégico y canciller de Alfonso Portillo, como analista del crimen organizado y el narcotráfico, como promotor de la Comisión Internacional contra la Impunidad en Guatemala. Ahora se prepara para publicar en marzo de 2012 el libro *Drug trafficking, Corruption and State* (*El narcotráfico, la corrupción y el Estado*), en el que firma junto a la periodista Claudia Méndez Arriaza los capítulos sobre Guatemala.

El libro trata de cómo la corrupción ha ido mutando para volverse más y más compleja, y de cómo van entrando en ella nuevos agentes. Del control de las elites económicas tradicionales al de los grupos emergentes, legales, ilegales, paralegales, o una mezcla de todo. Del paso de la captura del Estado al Estado cooptado.

Llevábamos varias semanas ya intentando charlar sobre ello cuando decidimos, después de al menos tres citas frustradas en el último momento, llevar la conversación al correo electrónico.

"«Estado capturado»", escribe Gutiérrez, "es un concepto que propuso el Banco Mundial en la década 1990, tras las abruptas privatizaciones en Europa Oriental y Central. En Latinoamérica se explicó como el control de grupos económicos tradicionales, y algunos emergentes, sobre ciertas instituciones clave del Estado a fin de beneficiar sus negocios, con ventajas extra mercado".

Según el libro, la captura del Estado tenía lugar mediante sobornos a gran escala a miembros del organismo Ejecutivo y del Legislativo y la relación era unidireccional: los agentes externos trataban de manipular las instituciones desde fuera.

Pero ahora hay un cambio, dice el texto, una tendencia a la reconfiguración que se ha hecho evidente en la última década: ahora los beneficios que se buscan no son simplemente económicos; son principalmente criminales, judiciales, políticos y de legitimidad social. Ya no dependen tanto del soborno; su método es el pacto político, las alianzas. Ya no son sólo los grupos delictivos los que cooptan las instituciones, sino que también los candidatos o los funcionarios cooptan a los grupos delictivos. Y la corrupción ya no se centra únicamente en las esferas altas del poder; ocurre a todo nivel, con gran eficiencia. Naturalmente en el Estado y en los partidos políticos. Pero también en la Academia, y en los medios de comunicación, y en general en la sociedad civil.

"La tesis de 'reconfiguración del Estado cooptado', a partir de la experiencia de Colombia e Italia", retoma el hilo Gutiérrez, "alude a la evolución del crimen organizado, en particular el narcotráfico en el caso de Colombia: no es sólo controlar instituciones estatales sino promover pactos políticos permanentes para rehacer las reglas del juego (leyes, instituciones y políticas públicas). La evolución ocurre desde la corrupción y cooptación de ciertas instituciones (gobiernos locales y regionales, y policías) hasta su reconfiguración nacional acorde al poder mafioso y sus aliados".

Le pregunto si Guatemala no ha tenido siempre las características de un Estado cooptado por los grupos económicos tradicionales. Le pongo un ejemplo: la Constitución. Un pacto político —le escribo— que ha durado ya un cuarto de siglo y surgió de una institución cooptada como el Congreso. Él lo niega:

La Constituyente del 84 no era cooptada, simplemente no sabía el valor real del voto popular y sobreestimaba a los poderes fácticos. Es la anécdota de Thomas Alba Edison al vender la primera máquina registradora. Cierra el trato y el banquero se burla: "estuve dispuesto a darle lo que pidiera". Edison: por mi extrema necesidad, iba a dejársela en una bicoca. Las Constituciones son hijas de su época y de la correcta lectura de época que hacen los agentes.

Si no lo he entendido mal, la tesis es que en Guatemala, como en otros países, se está modificando la forma de dominar el Estado.

El Estado ha perdido autoridad, porque hay cuerpos enteros que responden a poderes fácticos locales y regionales. Además la línea de autoridad dentro del propio Estado es disfuncional. Como en el juego del teléfono descompuesto: el ministro ordena "azul", en la siguiente línea de mando instruyen "verde" y en el terreno operan "rojo". La pérdida de control o, si usted quiere, la porosidad de las instituciones es la mayor dificultad para ejercer gobierno.

¿Es Guatemala hoy un Estado capturado o uno cooptado, o una mezcla de ambos?

Es un Estado capturado, en decadencia. A la oligarquía le saltó una competencia económica que, por ahora, sólo alcanza a feudalizar el Estado y el territorio. Pero una vez que los nuevos poderes, incluyendo nuevas mafias, se estabilicen, podrían pasar a la etapa de reconfiguración cooptada del Estado. Es un escenario factible en la próxima década. Algunos ensayos de esa reconfiguración se han observado y continuarán en el contexto del debate de la reforma constitucional que se avecina.

¿A qué se refiere con que la competencia económica sólo alcanza para feudalizar el Estado y el territorio?

Los poderes emergentes no tienen alcance nacional, pero le han ido arrebatando tajos de Estado y territorio a la oligarquía. Los aparatos de seguridad y justicia son un buen ejemplo. Comisarías de Policía, fiscalías y jueces cooptados por poderes locales, y cuerpos de elite central al servicio de la oligarquía.

La reconfiguración del Estado cooptado parece complejizar la forma en la que se dominan las decisiones estatales a la vez que genera nuevas correlaciones de poder. ¿Cómo se ve reflejado esto en Guatemala?

Es temprano para dibujar los contornos o la densidad de la reconfiguración del Estado cooptado. Hay trazos, no consolidados, en el campo de las comunicaciones de masas (TV, radio, telefónicas). El Estado configurado a imagen y semejanza del capital financiero está vigente, buscando formas de renovarse.

Hay una opinión que le da la vuelta a la tesis del Estado cooptado. Se ha dicho que antes el crimen organizado usaba al Estado para sus propósitos, pero que ahora está involucrado, internado en el Estado, y que es la parte criminal del Estado la que usa al crimen organizado externo para sus propósitos.

Aceptemos provisionalmente esa tesis. Estamos describiendo un Estado cooptado en áreas estratégicas, sin embargo todavía no reconfigurado. La reconfiguración pasa por legitimidad y legalidad. Unas nuevas reglas que son acatadas.

Esa descripción supondría, me parece, que cuadros directivos y ejecutivos del crimen organizado han alcanzado cargos directivos y ejecutivos del Estado y que han quedado atrás los tiempos en que sólo contaban con peones. ¿Cree que la tesis es certera y que se trata sólo de un paso previo para la reconfiguración?

Depende de la perspectiva estratégica con la cual asuman su negocio. El indicador es si invierten en formar cuadros de alto nivel, como en Colombia. A juzgar por el carácter excesivamente familiar de todos los proyectos de poder (notorios hasta en partidos de corte progresista), sus ambiciones tienen bases endebles, poco institucionales y su eficiencia depende de factores de corto plazo.

En el último par de años ha ganado importancia la idea de que varias de las dificultades políticas por las que atraviesa Guatemala se derivan de la colisión entre los grupos económicos tradicionales y los emergentes. El origen de la idea se puede rastrear con facilidad hasta principios de siglo, con la llegada

*de un gobierno, el de Portillo, en el que usted participó. ¿Es
una hipótesis cierta y sólida?*

La dinámica económica conlleva mayores tensiones, porque aquí las reglas del mercado son bipolares, rígidas y caóticas. Rígidas por la captura del Estado y la cerrazón de grupos tradicionales, y caóticas por su desadaptación que deriva en ineficacia.

La tensión entre grupos tradicionales y emergentes aflora en la década de 1980 con el quiebre del modelo de sustitución de importaciones (1950-80) y la poco gobernable liberalización del mercado exterior.

En el gobierno de Portillo las tensiones se expresan más abiertamente en la política. El primer choque de trenes ocurrió en el gobierno de Serrano (1991-93), y claramente los grupos tradicionales salieron triunfantes y hasta con aspiraciones hegemónicas: "depuraron" a la clase política, prestigiaron sus medios de comunicación y cooptaron a una porción importante de la sociedad civil.

Lo que analizo en el libro es el intento fallido, en los primeros quince meses del gobierno de Portillo, del banquero Francisco Alvarado de reconfigurar el Estado, pero también se puede analizar una serie de políticas económicas de liberalización que promovió Portillo y que abrieron cauces a los emergentes y a tradicionales que rompieron monopolios.

Con Berger (2004-08), los tradicionales hicieron cálculos equivocados. Desestimaron los cambios de la sociedad y la economía de la última década y ellos mismos agudizaron su crisis. Un síntoma fue la fallida gestión de Vielmann en el aparato de seguridad. Esa fractura está expuesta en la CICIG y tiene un costo de capital político local e internacional.

Los emergentes parecen ganarles la partida a los

tradicionales. Son más, están más diversificados y tienen redes en todo el territorio. Los tradicionales están a la defensiva, muy concentrados en la geografía y con instrumentos de dominio desgastados. Los emergentes están entrando en los aparatos de Estado y de partidos con más agresividad.

¿Cómo funcionó aquel intento de Alvarado MacDonald? ¿Por qué fracasó?

Lo describo en el libro. Alvarado quería el control del Gabinete Económico para ejecutar políticas que apalancarían sus negocios, incluyendo el control de Banrural y otras entidades mixtas y autónomas. Fue muy obvio y poco sofisticado. Cometió errores y actos de deslealtad con Portillo. Quiso ordeñar la vaca del Estado, hasta extenuarla, sacrificando la estabilidad del gobierno.

¿Qué papel desempeñó Portillo?

Sabemos que Alvarado apadrinó a Portillo, pero poco se dice que éste le fragmentó poder en el Gabinete Económico al nombrar a Lizardo Sosa en el Banguat y al destituir al ministro de Finanzas que había puesto el banquero. Además, al darse cuenta de que corría el riesgo de replicar el caso Mahuad en Ecuador, el presidente intervino los bancos de Alvarado. Ese fue el final, pero la oligarquía no entendió. Dos meses después, vieron caer a Chávez en Venezuela y el mismo día salieron a comprar una banda presidencial para el presidente de Cacif.

¿Y Llort? ¿Era una pieza de todo ello?

Marginal. Alvarado lo llevó y Ortega Menaldo lo

tuteló para sus intereses. Curioso que ellos no aparezcan
en los testimonios judiciales de Llort.

*Hablando del choque entre tradicionales y emergentes mencionó
que durante el Gobierno de Óscar Berger los empresarios tradicionales hicieron cálculos equivocados que profundizaron su
crisis.*

La oligarquía estaba eufórica cuando ganó Berger.
Esta vez no iban a depurar políticos, como con Serrano
en 1993, sino a encarcelar. Se quería dar un castigo
ejemplificante: miren en qué paran quienes nos desa-
fían. Pero a la vez emprendieron la cruzada Vielmann,
cuyas miserias describe la exfiscal de la CICIG, Giséle
Rivera, en los documentos publicados en el libro *Crimen
de Estado. El caso Parlacen.*

La sociedad ya no era la misma. El G-5 se fragmentó
por sus intereses inmediatos. Berger hizo un pacto
con Ríos Montt, porque éste seguía manejando el
Congreso. Las pujas internas llevaron en seis meses
a la salida de Otto Pérez del Gobierno y a su postrer
dedo acusador contra Vielmann por cobijar "escua-
drones de la muerte". Por último, se lanzaron a cani-
balizar Bancafé.

*En 2004, Alexander Segovia escribió el libro Modernización
empresarial en Guatemala ¿Cambio real o nuevo discurso? Ahí
defendía la tesis de que el gobierno de Portillo, con sus medidas
desfavorables para el* establishment, *había forzado al empresariado tradicional a modernizarse. ¿Se sostuvo esa modernización
o sólo fue un fogonazo?*

El único salto de modernización política durante
los años de democracia ocurrió en el golpe de Serrano.
Contra Portillo, el gran mérito del *establishment* fue

cerrar filas y mantener alineada a la sociedad civil "permitida".

¿Los sucesos que estamos presenciando en la campaña electoral matizan o apoyan esta idea de la colisión entre el poder tradicional y los emergentes?

Es la primera vez, durante el periodo democrático, que veo a los grupos tradicionales en segunda fila en un proceso electoral. Perdieron visión política y tardaron en entender. Van a tener que esperar al próximo gobierno y buscar un acuerdo. Pero llegarán en desventaja, pues su "abono" a las campañas no fue significativo esta vez.

La violencia de la campaña electoral obedece a otra dinámica. Los poderes feudales tratan de ajustar el rito democrático a sus intereses y cuando sienten que se les escapa, acuden a la violencia.

¿Algún "poder feudal" en concreto? De su respuesta se concluye que se refiere al poder económico tradicional.

Me refiero a lo que ha ocurrido, en plena campaña, con candidatos a alcaldes de Puerto San José, Moyuta y San José Pinula, entre otros. Cuando las mafias locales o regionales calculan que perderán las elecciones, matan a la competencia, pues no pueden hacer fraude ni cancelar elecciones. La oligarquía se ha debilitado localmente y cuando pelea feudos no es por política, es por negocios: desalojos en Polochic (2011) y Villa Linda (2004).

De todos modos, los poderes feudales inciden centralmente en la campaña. Era impensable que un candidato ganase sin la venia de la oligarquía o sin su financiamiento.

*En una entrevista reciente, el presidente de Cacif aseguraba
que están más fuertes que nunca, unidos, acompañados de una
nueva cohorte de intelectuales orgánicos y con representantes
en todos los partidos. ¿Cómo interpreta sus palabras?*

Dime de qué presumes y adivinaré tu déficit. No
es que los grupos tradicionales estén en retirada, pero
atraviesan por una coyuntura baja. No están acostumbrados a esa posición y deben recomponer sus filas y
trazar otra estrategia para recuperar los terrenos perdidos.

*Pero sí se ve una buena cantidad de cuadros tradicionales en
las listas preliminares de los partidos.*

En los cargos de elección popular, no. Por eso se
dice que el Congreso que viene "será peor". No hay
cuadros de las elites, ni decentes ni indecentes.

*De García Noriega suelen mencionar que es un tipo duro y
con cierto pensamiento estratégico. ¿Cabe pensar entonces que
sus palabras son una simple muestra de despecho o que son
más bien otra cosa? Por ejemplo, que se está tirando un farol
para que otros grupos sientan al Cacif todavía fuerte. O que
está tratando de mantener la unidad interna y la convicción
acerca de su propia influencia.*

Cuando Cacif tiene fuerza no lo dice, lo demuestra.
Proclamarlo sería ingenuo, cuando las cosas, como
ahora en el país, no van bien.

*Se ve mucho joven en las filas de los tradicionales, desde partidos
hasta intelectuales orgánicos. Fundesa lo dirigen hombres que
rozan la treintena, aunque lo presida Edgar Heinemann. En
algunas empresas empiezan a copar los puestos directivos.
¿Están tratando los tradicionales de modernizarse con nuevos*

cuadros? ¿O sólo de adaptarse a los tiempos nuevos para desarrollar, con mayor eficacia, las mismas lógicas de siempre?

Son conscientes de la necesidad del cambio generacional, y que estos son tiempos de crisis. Tienen magníficos cuadros jóvenes formados en el extranjero, que ahora deberán sudar sus doctorados *in situ* de negocios, antropología y política nacional. Como no se sabe exactamente qué tanto influyeron las universidades y sociedades liberales extranjeras, deben tutelar la generación del relevo.

¿Es posible trazar una división clara entre los grupos tradicionales y los emergentes, ya sean legítimos o ilegítimos? ¿Cuáles son unos y cuáles otros? ¿Y quiénes sus caras visibles?

En el origen de las familias, es posible hacer esa diferenciación de grupos. También se les ve en guerras sordas de mercado. Se distinguen en las estrategias políticas. Pero hay un lugar donde los intereses parecían amalgamarse, los centros financieros. Allí se va a dar el acomodo o la pelea final de esos bloques.

Los grupos tradicionales son las grandes corporaciones forjadas durante los últimos 130 años y revigorizadas por las políticas de industrialización de mediados del siglo XX.

Los emergentes son una mezcla muy amplia y diversa, de comerciantes (incluso indígenas) e importadores, agricultores y neo exportadores (algunos asociados en cooperativas), así como constructores y concesionarios de frecuencias electrónicas. Todavía no configuran estructuras o formas de organización permanentes, pero sí están tejiendo redes con las clases medias de la provincia, lo cual les ofrece una lectura más cercana del país, más allá de los conciliábulos capitalinos.

¿Es distinta la lógica de los emergentes y la de los tradicionales?
Como distinta es la lógica de quien quiere llegar, de la lógica de quien quiere mantenerse.

¿Por qué le parece que los negocios financieros van a ser el ring de la disputa?
Porque esta es una economía especulativa financiera. Solo cuando se modifiquen las claves de la acumulación, basada en la recuperación del empleo, la economía real volverá a tener preeminencia. Conozco muy pocos negocios financieros que apuestan a su rol natural de intermediarios y no de carceleros del mercado.

¿Cómo puede influir en todo esto el hecho de que en el mercado de las finanzas, de los seguros, estén entrando corporaciones extranjeras? Parecía que con el control de la Junta Monetaria y de otros organismos del Estado el empresariado local se había asegurado la ausencia de competencia.
Hay acuerdos internacionales que honrar, pero, sobre todo, una competencia internacional irresistible. Es el inicio del traspaso del negocio financiero, excesivamente globalizado, a manos extranjeras, como ocurrió en México y El Salvador. Pasarán a ser socios menores buscando vetas de acumulación.

De distinta forma usted está relacionado con varios de los acontecimientos o de las decisiones que forman parte de todo el tejido del cambio social de Guatemala. Algunos de ellos están cristalizando ahora en procesos judiciales que se consideran fundamentales para el futuro de la justicia y del país. Fue uno de los asesores más cercanos de Portillo. Coordinó la investigación del Rehmi. Ha estudiado de cerca el crimen organizado y el narcotráfico, y promovió la creación de la CICIG.

En esos eventos hay tres agendas traspapeladas, que hacen densa la coyuntura (demasiado densa para instituciones estatales tan frágiles). Una es la agenda del pasado, que no supimos tratar en los Acuerdos de Paz. Otra es la agenda del ascensor social bloqueado: la gente sube por gradas externas o a fuerza de empujones, y también baja a veces en caída libre. Así de irrefrenable es el capitalismo en la globalización. Y luego está la agenda criminal.

La pregunta es si el Estado democrático puede arbitrar esas rudas disputas. El aparato judicial las procesa con mucha dificultad y, por momentos, parece no soportarlas. La idea con la Ciciacs era que apalancara al Estado, pero errores estratégicos de conducción en los inicios de la CICIG la metieron riesgosamente en el torbellino de las tensiones entre poderes tradicionales y emergentes.

El pasado tiene que ver con una agenda ideológica ya con poca relevancia, no obstante el ruido y los miedos. Juzgar el pasado ahora no nos proyecta hacia una sociedad diferente. Son otros desafíos, por eso lo que uno puede esperar es que esa agenda sea alineada a la conveniencia de los intereses en pugna.

3.
EL TURNO DE LOS CONSERVADORES

Análisis
por Martín Rodríguez Pellecer
7 de noviembre de 2011

Ayer, en el hotel Tikal Futura junto al Centro de Cómputo del Tribunal Supremo Electoral (TSE) todo era alegría entre los conservadores tradicionales, pero era tácita, no explícita. A diferencia de las ocasiones de victoria de los candidatos que aseguran representar "al pueblo", no había muchos seguidores con música, gritos y lágrimas de emoción. El Partido Patriota encajaría en el tipo de los partidos que son más de financiamiento abundante que de estructuras de base (aunque sean clientelares), como las que ha tenido el FRG o la UNE.

Pero anoche había diferencias, matices, respecto de sus dos antecesores conservadores tradicionales, Álvaro Arzú y Óscar Berger. Casi no había jóvenes y adultos más blancos, de clase media y alta, celebrando con sonrisas y colores partidarios. Tampoco pasión. Apenas uno que otro con una bufanda anaranjada o una bandera del partido. Y uno que otro que empuñaba la mano para recordar el símbolo del PP, que apela a imaginarios que afuera de Guatemala (y también adentro) se asocian a la derecha extrema, a la *mano dura*.

Sonriente como nunca antes al ingresar a la tarima para dar su primera conferencia como presidente electo, sin corbata, se sentó junto a su vicepresidente, Roxana Baldetti, más serena y orgullosa. A un costado, las familias de ambos. Al otro, los escuderos de Pérez Molina: el diputado y empresario Alejandro Sinibaldi, el diputado Valentín Gramajo, el empresario y diputado electo Emmanuel Seidner, el diputado Óscar Córdova, la diputada Anabella de León.

Empezó su discurso, como era previsible, haciendo un llamado a la unidad nacional. Para seguir el guión conservador, Pérez Molina dio un par de frases para reiterar su carácter proempresarial y que dedicará más de la mitad de su tiempo al tema de seguridad. Ella, a combatir la corrupción. Y ambos, Baldetti y el presidente electo, hablaron de uno de sus proyectos estrella: el Ministerio de Desarrollo Social, en el que prometen institucionalizar los programas sociales de la administración de Álvaro Colom y agregar el de Hambre Cero patriotista y el de la Supertortilla de Harold Caballeros; y anunciaron que empezarán a batallar desde esta misma semana en el Congreso para lograrlos.

CUARTA SATISFACCIÓN DEMOCRÁTICA

Horas más tarde y fuera del Tikal Futura, como ha sucedido en cuatro lunes desde que empezó la democracia hace 25 años, la elite y los conservadores tradicionales de clase media urbana despertaron tranquilos, con una sonrisa de satisfacción, a pesar de un día nublado como hoy. Su candidato obtuvo la mayoría de los votos y quedó atrás el fantasma de su bestia negra.

Fueron lunes así en 1991, cuando Jorge Serrano, el bateador emergente, se impuso con apoyo empresarial a las amenazas que representaban la Democracia Cristiana y la UCN de Jorge Carpio.

En 1995, el político ideal de los conservadores tradicionales, Álvaro Arzú –aristócrata, empresario, de derecha, exalcalde–, derrotó al amenazante populista Alfonso Portillo del FRG.

En 2003, otro político de imagen casi ideal, Óscar Berger –aristócrata, empresario, de derecha, exalcalde, pero con menos *punch* político– derrotó a Álvaro Colom, pero sobre todo dejó atrás a Efraín Ríos Montt, la verdadera pesadilla de la elite desde 1983 por su carácter inmanejable y su discurso antioligárquico.

Y hoy, en 2011, otro candidato, quizás menos perfecto según sus estándares, pero más acorde a los tiempos de igualdad, Otto Pérez Molina –mestizo, militar, proempresarial pero sin convencerlos– derrotó a Manuel Baldizón, el millonario populista petenero, a la vez "salvador del pueblo" y libertario.

El péndulo guatemalteco mantuvo su ritmo inalterado: conservador – popular – conservador. Y los gobiernos conservadores tienen varias interpretaciones en el imaginario nacional. Para sus críticos, benefician a los ricos y no a los pobres. Y para sus votantes, al dar las condiciones para la creación de riqueza de los que más tienen, generarán prosperidad que caerá como cascada hasta los más necesitados.

Andrés Castillo, el treintañero presidente de la Cámara de Industria que ayer daba declaraciones a

Guatevisión, ilustraba esta visión cuando le preguntaron qué esperaba del próximo gobierno: "garantizar la seguridad y permitir las condiciones para el desarrollo económico. Con esto, el país podrá crecer 6% cada año". Jorge Gestoso, el presentador uruguayo invitado para la cobertura electoral, no pudo sino subir las cejas e interrumpirlo: "¿No será un poco optimista tomando en cuenta que en las últimas décadas, no años, el crecimiento promedio de Guatemala es de 3.5%?" El empresario, de carrera en la Cervecería Centroamericana, no supo cómo explicar su ecuación.

En una simplificación insuficiente, el imaginario conservador considera que con dar a los empresarios mejores condiciones —o facilidades, o privilegios—, la economía crecerá. Y que con apretar la mano en seguridad, la violencia disminuirá. Y que con aplicarse en la lucha contra la corrupción, esa corrupción pequeña de robavueltos, el presupuesto nacional alcanzará para lo necesario.

Dos ejemplos económicos son las privatizaciones de instituciones de servicios públicos como la telefónica estatal y la empresa eléctrica con Arzú, o la reforma a la ley de zonas francas 38-04 para disminuir requisitos para recibir excepciones fiscales y aumentar la cantidad de estos beneficios con Berger.

La creación de grupos paralelos antisecuestros que se convirtieron en grupos de limpieza social "contra los mareros" son otros dos ejemplos de estos dos gobiernos conservadores en el tema de seguridad.

Los resultados fueron dispares. El gobierno de Arzú logró reducir de una manera significativa los asesinatos. Subió de 3,669 a 3,998 en el primer año, pero en los dos siguientes lo redujo hasta 2,655 y un índice de 24 asesinatos por cada 100 mil habitantes en 1999, según estadísticas de la Policía Nacional Civil analizadas por Carlos Mendoza en el blog CA-BI.com

Con el gobierno populista de Portillo subieron de 2,655 hasta llegar a 4,237 el año en que dejó el Ejecutivo. La administración de Berger, a diferencia de los últimos dos años de Arzú, fracasó. Si bien cayeron los números de secuestros o robos a grandes empresas, aumentaron los de asesinatos. Pasaron de 4,607 a 5,781. Y con el gobierno de Colom subieron a más de 6,000 y están volviendo a los números de hace cuatro años; al final dejó su mandato en los niveles de 2004: 38 asesinatos por cada 100 mil habitantes.

El crecimiento económico, que parecía mérito de los gobiernos proempresariales, demostró ir al compás de las tendencias del comercio mundial. Y pese a las ventajas fiscales, Guatemala atrajo menos inversiones extranjeras que Costa Rica, Panamá e incluso que Honduras y Nicaragua, pues factores como la educación, la salud, la infraestructura o la previsibilidad del futuro son más valorados, según el Instituto Centroamericano de Estudios Fiscales (Icefi).

Guatecompras, el portal electrónico que se ha convertido en indispensable para rastrear las compras y contrataciones estatales, es una herramienta para perseguir la corrupción a pequeña escala cuando se fiscaliza, pero no dio luces para frenar los grandes negocios de lucro desde el Estado, como concesiones, explotaciones minerales y petroleras o la colocación de la deuda interna.

Y no es que sean la panacea los gobiernos que juran ser "del pueblo", que van desde un partido de un militar acusado de dirigir una política contrainsurgente basada en actos de genocidio (Ríos Montt), un autodenominado socialdemócrata (Colom) o un populista que quería aplicar la pena de muerte y evitar que los ricos pagaran un porcentaje mayor de impuestos que los pobres al instituir un flat tax (Baldizón). La pobreza, la desigualdad y la violencia se mantuvieron casi intactas con estos gobiernos, con la diferencia del último, que la redujo consecutivamente en su segunda mitad de mandato. Las diferencias sobre su conservadurismo respecto de los tradicionales no son demasiado amplias.

Es sólo que la agenda es otra, los actores poderosos son otros, el discurso es otro. Son Gobierno del pueblo en vez de Gobierno de la unidad. Nombran actividades como Gobernando con la gente en vez de Gabinete móvil, para describir a la actividad en la que todos los ministros sesionan en los departamentos y escuchan a los ciudadanos. Dan un pago a las exPAC como resarcimiento en vez de como pago por un servicio. Sitúan a los ricos en vez de a los malos delincuentes y los revoltosos huelgueros como el enemigo que impide el desarrollo.

CONSERVADORES
SIMILARES PERO DISTINTOS

Cada uno, la unidad nacional, la batalla contra los malos, los guiños proempresariales y la lucha contra la corrupción, todos los símbolos del imaginario conservador estuvieron presentes en la primera conferencia de Otto Pérez y Roxana Baldetti, y seguramente estarán en el discurso de toma de posesión del 14 de enero. (De hecho, lo estuvieron.)

Fue una noche y un triunfo de una propuesta
igual pero diferente de las anteriores conservadoras.
Igual porque había confianza. El militar derechista
Pérez Molina ganó las elecciones ayer en segunda
vuelta con solvencia: 53.7% y 2.3 millones de votos.
Diferente porque su equipo más cercano consiste en
una alianza entre militares pro-Estado como Mauricio López Bonilla, políticos conservadores como
Roxana Baldetti, tecnócratas de centro como Pavel
Centeno y empresarios próximos a la élite como Alejandro Sinibaldi o los Leal. Los primeros grupos aseguraron en campaña que serían el "gobierno conservador más independiente de la élite". Los empresarios,
financistas de buena parte de la campaña más cara de
la historia, de más de Q300 millones entre 2007 y
2011, saben que tienen derecho de picaporte –Pérez
Molina reconoció al embajador de Estados Unidos
en 2007 que cuatro de las familias más acaudaladas
fueron sus principales financistas en esa ocasión; el
cable sobre la comunicación fue filtrado a *Plaza Pública*
por WikiLeaks. La designación de algunos de los suyos, empresarios de élite, en la mitad de los puestos
que encabezaban el Listado Nacional del Partido Patriota es una muestra de la influencia que tienen.

Es también diferente en que por sorpresa, quizás
pensando en que tiene los ojos del mundo encima, se
desmarcó anoche del conservadurismo duro, que tiene
un estandarte en la pena de muerte, y la decisión pendiente del jefe de Estado para condenar o amnistiar
a una veintena de sentenciados. "Eso tiene que pasar
por una discusión pública en el Congreso de la República y sólo después de eso, la Presidencia tomará una
decisión".

Entrar en la historia

En esa conferencia de prensa y en la celebración en
la calle, hubo una idea que Pérez Molina repitió con
mucha fuerza, desde dentro. "Trabajará incansable-
mente para no defraudar a sus electores y al país".
Quienes conocen de cerca el mundo de los militares,
perciben que viene de un orgullo herido por el despre-
cio que estos han recibido desde la firma de la paz
que terminó el conflicto armado interno. Quieren
demostrarle a la historia que ellos pueden resolver los
problemas que los civiles no han podido manejar,
aunque muchos de estos sean heredados de los regí-
menes de facto. Igual que Álvaro Colom quería ser
recordado como el tercer presidente de izquierdas de
Guatemala, que benefició a los pobres, a Otto Pérez
Molina también se le siente hambre de entrar en la
historia.

Probablemente una historia que empiece hoy y
olvide su pasado, cuestionado durante su estancia en
Nebaj en 1982, poco claro durante su intervención
en el golpe de Estado contra Serrano en 1992 y opaco
en el financiamiento de sus campañas en 2007 y 2011.

No lo tendrá fácil. En vez de una hoja en blanco
y del beneficio de la duda como los que recibieron la
primera presidente mujer Bachelet en Chile, el primer
indígena presidente Evo Morales en Bolivia o la primera académica Ellen Johnson Sirleaf en Liberia,
todos los medios globales, como el *New York Times*,
la BBC o *El País*, titularon su victoria con el sello de
su pasado marcial, poco apreciado entre demócratas,
"General gana en Guatemala".

Y así como no tiene el beneficio de la duda fuera,
tiene una oposición declarada dentro. De los partidos

políticos como la UNE, a la que el PP bloqueó cuatro años; o Lider, que hoy empezó la campaña política para 2015. O de las organizaciones sociales, que demandan que rinda cuentas ante la justicia por su papel durante la estrategia contrainsurgente en Nebaj y como jefe de inteligencia entre 1992 y 1995, y empiezan a agitar las luces amarillas por el temor a que su gobierno, o los militares ultraconservadores que simpatizan con él, se envalentonen y vuelvan a las reacciones autoritarias violentas.

Sin contar con todos los párrafos anteriores, como les sucedió a los presidentes desde 1985 hasta 2011, tiene todos los elementos para fracasar: un Estado raquítico y con poco recurso humano, un sistema político clientelar y corrupto, un país inundado de cocaína, armas y cultura mafiosa, y décadas de tareas incumplidas como sociedad.

Eso sí, ya tiene asegurada una línea en la historia. Otto Pérez Molina ha sido el segundo militar electo por la vía democrática en Guatemala, exactamente 60 años más tarde. El primero, a quien él tiene como uno de sus ídolos a pesar de sus pocas coincidencias sobre el lado del péndulo, sigue siendo el referente histórico para el resto del mundo sobre este país: el coronel Jacobo Árbenz Guzmán.

4.
OTTO PÉREZ.
POR SUS ACTOS LO CONOCERÁS

*Perfil, por Enrique Naveda**
10 de septiembre de 2011

Hace cuatro años, el 28 de septiembre de 2007, un grupo de periodistas de *El Periódico*, para el que yo trabajaba, desayunó con parte del Partido Patriota en el hotel Holiday Inn de la zona 10. La reunión y nuestras preguntas duraron varias horas, pero cuando Otto Pérez Molina se levantó de la mesa, dándola por terminada, probablemente ninguno sabía que las preguntas aún no habían concluido. Lo supimos unos minutos después todos los periodistas, con estupefacción, cuando pisamos la recepción del hotel.

En las escaleras, media docena de colegas esperaban al candidato para darle una noticia de último momento (o quizá ya la sabía): hacía apenas un rato que su amigo, el exoficial de inteligencia Giovanni Pacay Paredes, con el que había trabajado en la D-2, había sido tiroteado en su oficina, y se le daba por muerto. Otto Pérez respondió a las preguntas sin

(*) Julie López, editora de *Plaza Pública*, contribuyó a reportear y escribir este perfil.

mostrar miedo ni estupor ni piedad ni pena en el rostro, y después se marchó. Según nos dijeron, iba a
otra reunión.

En aquel momento comprendí lo que había percibido la primera vez que lo tuve enfrente y le pregunté,
con impertinencia o ingenuidad, si había matado:
Otto Pérez Molina es, como se suele decir, un tipo
inescrutable. Si sentía en aquel instante rabia o temor
o lástima, no lo reflejaba su expresión. Si sentía la
necesidad de reventar de un puñetazo una pared, su
gesto anodino, sus respuestas mecánicamente emiti-
das, su tono de voz inconmovible, casi como si le
fuera algo ajeno, lejano, no permitían entreverlo. In-
trovertido, poco expresivo y analítico, nadie que no
lo conociera bien podría decir si sentía algo, aunque
todos podíamos suponerlo. O tal vez no. Como militar
en tiempos de guerra, la muerte siempre ha rondado
los alrededores.

No recuerdo bien si fue de pie sobre las escaleras
o unas horas más tarde cuando el Patriota sugirió por
primera vez que se trataba de un asesinato político
ordenado por una Unidad Nacional de la Esperanza
dirigida por el narcotráfico, pero al oírlo todos supimos que aquella sería una campaña llena de saña, de
revancha, de animadversión.

En las esferas cercanas al ejército en los que el
candidato pasó la mayor parte de su vida, lo describen
como un hombre que guarda distancia. "No veo a
Otto haciendo amigos con facilidad", dice alguien
que cree conocerle bien. Sus amistades las tiene con-
tadas, un círculo cerrado. No se acerca por casualidad.
"Si te busca, es por algo", dice la fuente. Califica ca-
pacidades en los demás, y actúa y mueve sus piezas

conforme a esa calificación. Respeta jerarquías. Es
un buen soldado.

Otto Pérez se forjó en el ejército y allí hay que
buscarle, en buena medida, explicaciones. De ese pasado se pueden exhumar su aire distante y su recelo
y su cálculo; en buena medida su círculo de lealtades
y también su cauda de odios y antagonistas; y los actos
que lo definen.

Escena I. Acto I

El 1 de junio de 1993, una semana después de que el
presidente Jorge Serrano Elías disolviera el Congreso
y la Corte Suprema de Justicia y propiciara un golpe
de Estado, el coronel Otto Pérez Molina, director de
Inteligencia del ejército, se reunió a las siete de la
mañana en su oficina con los siete jefes de la unidad
de inteligencia, según el libro *Imponiendo la democracia*,
de Rachel McCleary. Muchos de ellos, relata, sabían
que sus oficiales subordinados no estaban de acuerdo
con Serrano y se encontraban descontentos con un
alto mando que, compuesto por Juan Domingo García
Samayoa, Roberto Perussina y Francisco Ortega Menaldo, apoyaba el golpe (inspirado en lo que hizo
Fujimori en Perú) o estaba a la espera de ver qué pa-
saba.

Tras consultar a los oficiales, Pérez decidió que
Serrano debía renunciar de inmediato y con él su vicepresidente, Gustavo Espina Salguero, y envió a sus
hombres a controlar las entradas del Palacio Nacional
y la central de radio de la Policía Nacional. Serrano,
entonces, habló de que los militares le estaban dando
un golpe y cuando los subalternos de Otto Pérez le

impidieron a las activistas Rigoberta Menchú y Nineth
Montenegro acceder al ministro de la Defensa para
presentar un documento del Foro Multisectorial Social
que pedía que Serrano anulara su decisión, la premio
Nobel ya calificaba también los movimientos del director de Inteligencia como un golpe de Estado militar.

No ocurriría lo mismo con otros sectores. El sector privado organizado, la Iglesia católica, los partidos
políticos y algunos otros grupos sí lograron el permiso de Pérez Molina para negociar con el ministro de
la Defensa y más tarde, según McCleary, le agradece-
rían haberle encontrado a la crisis una salida en la que
el ejército se sometiera al poder civil.

En ese momento, Otto Pérez Molina se pasó, según el investigador y exministro Edgar Gutiérrez,
"abiertamente al bando de la Instancia Nacional de
Consenso, donde fueron clave Dionisio Gutiérrez y José
Rubén Zamora", y más que en ningún otro instante
de su carrera, logró afianzar un conjunto de relaciones
que en adelante resultarían esenciales para sus aspiraciones políticas y una imagen de defensor de la democracia, según la interpretación preponderante de la
prensa conservadora y liberal. Para muchos, en él se
materializaba la imagen venidera de unas nuevas fuerzas armadas. Ahí comenzó a erigirse una figura pública,
política, cuyas imperfecciones terminaría de pulir tres
años más tarde durante el Gobierno de Álvaro Arzú
al convertirse en el general del ejército que "por su
aura y liderazgo", señala Edgar Gutiérrez, firmó los
Acuerdos de Paz.

Pero también ahí se fraguó —o terminó de fraguarse,
según otras versiones— una rivalidad que ayuda tanto
a delinear la figura de Otto Pérez como a esbozar
décadas de lucha de poder en el ejército; un antagonismo

casi legendario con el que una vez fue su protector y
el de su entera promoción; una enemistad con una
figura misteriosa y sórdida que desde entonces ha sido
convertida en cierto modo en el epítome del mal, la
condensación de la capacidad de conspirar, uno de
los administradores del lado oscuro; en una especie
de Lex Luthor o si acaso Darth Vader que es capaz
de controlar ab-so-lu-ta-men-te-to-do: desde las sombras, lo que sucede en los bajos fondos y en las altas
esferas, lo que tiene que ver con contrabando y con
tráfico de drogas y con nombramientos de Gobierno,
en la administración de Serrano, y más que en ninguna,
en la de Portillo, y otro tanto en la de Colom; alguien
que precedió a Pérez Molina en la sádica dirección de
Inteligencia (D-2) en la que durante la guerra, por
medio de espionajes e informantes, decidía quién debía ser asesinado por subversivo o enemigo: el general Francisco Ortega Menaldo.

Cuando Otto Pérez facilitó la caída de Serrano y
Espina, Ortega Menaldo preveía lo que podía suponer
el movimiento de su subalterno: estaba zarandeando
la jerarquía, y los frutos más antiguos podrían despren-
derse del árbol. No se equivocaba: cuando el Congreso designó como presidente de la República al
Procurador de los Derechos Humanos, Ramiro de
León, Ortega fue enviado a la congeladora: a Washington DC, a la Junta Interamericana de la Defensa en
la Organización de Estados Americanos. Pérez Molina
ocupó su cargo como jefe del Estado Mayor Presidencial,
y Mario Mérida, su subdirector, se puso al frente de
la Dirección de Inteligencia Militar.

No está claro si en el plano personal era una trai-
ción o la natural desembocadura de una relación cada

vez más ríspida, aunque antes hubieran trabajado
coordinadamente por controlar las aduanas.

Hay quien sostiene, como Francisco Beltranena,
uno de los civiles especializados en temas militares
más próximos a Pérez, que ya desde antes los lazos
entre ambos se parecían más a una soga de ahorcado
que a la pita de un remolque, y que si Ortega pidió el
nombramiento de Otto Pérez Molina –un clásico oficial de operaciones al frente de la Inteligencia militar–
la única intención era desacreditarlo, humillarlo,
ponerlo en evidencia en un área que no controlaba.

Otros aseguran, desde círculos civiles y militares,
que Ortega puso a Pérez Molina en la D-2 para limpiar
la mesa de infiltrados ajenos, pero Pérez Molina ba-
rrió con los de Ortega, puso a su gente de la promoción 1973 y rompió con La Cofradía.

Pérez era miembro, en cambio, del Sindicato. El
general Roberto Letona Hora, también de la misma
promoción y otro miembro prominente del grupo,
estuvo implicado después en la red de contrabando
de Moreno, añade un informe que elaboró en 2003,
casi sólo con testimonios anónimos, la Washington
Office for Latin America (WOLA).

Según este documento, La Cofradía era uno de
los antecedentes de los poderes ocultos en Guatemala:
una especie de fraternidad interna del ejército com-
prendida por varios miembros de la comunidad de
inteligencia militar que estuvieron asociados con la
delincuencia común y la corrupción administrativa
en el período de la dictadura militar de Lucas García,
de julio de 1978 a marzo de 1982. Según recogía el
informe, sus principales dirigentes eran Manuel Callejas y Callejas, antiguo jefe de la agencia de Aduanas,
y Luis Francisco Ortega Menaldo. Durante la guerra,

los miembros de La Cofradía formaban parte de un grupo de militares de línea dura conocidos como los estratégicos. "Esta gente adoptó una estrategia nacional de seguridad que 'enmarcaba el conflicto dentro de una polarización total (cien por ciento) de la población, estás con nosotros o contra nosotros'. Los civiles no eran considerados neutrales en el conflicto sino potenciales opositores. Los oficiales que hacían parte de La Cofradía simpatizaban con la línea de pensamiento de los militares taiwaneses, implementando sistemas represivos de control social y usando información de inteligencia para cometer actos brutales de violencia".

Esta organización contrastaba, según WOLA, con otro antecedente de los poderes ocultos: El Sindicato, un grupo de militares que "abogaban por una estrategia de 'estabilización' y 'pacificación' durante la guerra, en vez de una victoria total sobre la 'subversión'". "A los miembros de El Sindicato y a otros 'reformistas' dentro del ejército guatemalteco se les consideró como contrainsurgentes institucionalistas, que creían en la estrategia de pensamiento del 30/70: Que enfocaba el 70% de sus efectos en la recuperación de los refugiados de guerra por medio de proyectos de desarrollo (frijoles), y el 30% en medidas represivas (balas) contra los que el ejército veía como 'perdidos'". Según WOLA, El Sindicato era una red de lealtades internas que surgió de la Promoción 73 de la Escuela Politécnica, cuyos miembros desarrollaron una fidelidad que persiste durante sus carreras. La persistencia del grupo en esta promoción en particular se atribuye en buena parte al liderazgo de Otto Pérez Molina. Todos ellos eran herederos del general Héctor Gramajo. Pérez Molina, el segundo de su promoción por detrás

de Letona Hora allá en el año 69, era quizás el más
querido.

Escena I. Acto II

No había cumplido aún 32 años cuando otro golpe
de Estado habría de cambiarle la vida. El escritorio,
los pasillos del Palacio Nacional, la cercanía a los lugares en los que se tomaban decisiones, la compañía
del presidente Romeo Lucas, a cuya seguridad personal había servido desde 1978, todo eso pronto dejaría
paso al lodo, al polvo, al sol, la barba agreste, la montaña, el combate, los morteros israelíes.

O no fue el golpe en realidad, sino lo que vino
después de 1982. La disolución de la Junta Militar y
el autonombramiento de Efraín Ríos Montt como
presidente de la República, contra el cual se sospechaba
que conspiraba parte de su promoción: si bien habían
visto con buenos ojos el derrocamiento de Lucas, se
sentían al parecer contrariados por la intención de
Ríos de mantenerse en el poder.

En un telegrama confidencial la Agencia de Inteligencia de Defensa a Estados Unidos comunicó lo
que el Archivo resume así: "dos meses después del
golpe militar que le llevó al poder, el general Ríos
Montt continúa fortaleciendo su posición eliminando
a aquellos oficiales sospechosos de participar en conspiraciones golpistas. La promoción número 73 de la
Academia Militar guatemalteca es un grupo de oficiales
—muchos de los cuales llegarán a ocupar posiciones
de liderazgo— particularmente coherente en su oposición a Ríos Montt. Les une el desacuerdo con la Orden
General Número 10 de modificación masiva de destinos

y se sospecha que conspiran contra la junta. Ríos ha ordenado el arresto e investigación de tres de sus miembros más prominentes con el objeto de intimidarles —el capitán Mario López Serrano, Roberto Enrique Letona Hora y Otto Pérez Molina— amenazándoles con hacer públicas sus corruptelas si continúan la oposición a su mandato".

Según la investigación que había llevado a cabo Ríos Montt al enterarse de los rumores de contragolpe, cada uno de ellos había invertido $100 mil en una empresa privada; y decidió mandarlos a detener esa misma noche en sus casas. "Puesto que las evidencias eran circunstanciales en su mayor parte y puesto que Ríos creía que ya había hecho claro su punto de vista a los demás oficiales de la promoción número 73, se decidió liberar a los tres oficiales mientras se completaba una investigación de sus finanzas personales", señalaba el telegrama. Después, los trasladó a distintas zonas militares.

Desde entonces, su enemistad con Ríos Montt, otro de los personajes más abominados de Guatemala, ha sido notoria. Otto Pérez no sólo ha renunciado públicamente a cualquier asociación con el Frente Republicano Guatemalteco, sino que abandonó el gobierno de Óscar Berger, en el que ejercía como comisionado de Seguridad, con la excusa de que el expresidente y el exdictador habían tomado un café juntos, y pactado una alianza. Ríos Montt, por su parte, le vedó una posibilidad que hacía tiempo que Otto Pérez llevaba acariciando: la de ser ministro de la Defensa.

ESCENA I. ACTO III

Llevaba acariciándola, en concreto, desde el gobierno
de Álvaro Arzú. Para un oficial que ha alcanzado la
jefatura del Estado Mayor de la Presidencia es casi
cuestión de inercia en la trayectoria llegar a ser ministro y tener a sus órdenes a todo el ejército. Pero Arzú
tendría otros planes para Otto Pérez Molina y para
las Fuerzas Armadas. Durante su gobierno, los oficiales de fuerzas de tierra fueron desplazados porque,
en aras de dar una muestra de buena voluntad la URNG
para la firma de la paz, Arzú no quería cerca a ningún
militar que pudiera haber estado involucrado en violaciones de derechos humanos durante el conflicto
armado y se rodeó de oficiales de la Fuerza Aérea y
de la Marina.

Las dudas de Arzú sobre Pérez Molina eran las
mismas que compartía la Agencia de Inteligencia de
Defensa de Estados Unidos en un telegrama de 1994
con respecto a todo su grupo: "En general sus objetivos
son democráticos y actualmente pueden ser la mejor
esperanza del ejército. Al mismo tiempo, sus raíces,
sobre todo del círculo más íntimo, salen del interior
de las filas de la D-2 y sus antecedentes se remontan
a los días más sangrientos de principios de los ochenta, cuando la D-2 perpetraba ajusticiamientos extrajudiciales. Son progresistas que crecieron con las
manos manchadas de sangre, aunque no tenemos información directa que sugiera que el coronel Pérez
haya estado involucrado, personalmente, en actividades
de esta naturaleza. Al mismo tiempo, no se puede
decir con autoridad que este grupo de oficiales progresistas no sigue influenciado por su pasado".

En 1998, Arzú lo alejó aún más. En una decisión

que tenía la firma del general Marco Tulio Espinoza, quien fue ministro de la Defensa y jefe del EMP durante aquel gobierno, Arzú lo mandó a la Junta Interamericana de Defensa en la OEA.

En 1999, Pérez Molina era general de Brigada. También lo eran Mamerto Hernández Ponce y Miguel Ángel Calderón. Pero Arzú, presuntamente con el consejo de Espinoza, ascendió a Hernández y Calderón a general de División, un grado que por costumbre sólo ostentan dos oficiales en todo el ejército. De esta forma, Pérez Molina quedaba rezagado en jerarquía, casi afuera del ruedo. No fue difícil. Arzú, otro personaje inescrutable, nunca quiso a Pérez Molina. Se desconoce por qué.

Por antigüedad, grado y empleo, Hernández y Calderón debieron ser ministros. Sin embargo, no estaba escrito en piedra y un presidente podía elegir como ministro a un oficial que no ostentase el grado mayor dentro del ejército. El problema es que la maniobra obligaba al retiro inmediato o a "poner en situación de disponibilidad", el eufemismo castrense para un despido, a los oficiales que tuvieran un grado mayor que el ministro.

Para noviembre de 1999, cuando el FRG se perfilaba como partido finalista en la segunda vuelta de las elecciones presidenciales, existía un fuerte rumor de que a Pérez Molina le habían hecho una oferta importante para ser parte del gobierno de Portillo. Pero fiel a su perfil, aún en Washington, en una conversación extraoficial con una periodista, Pérez Molina no soltó prenda. Pero sonreía, y mucho, quizá pensándose ya ministro. Pérez Molina conocía el precio de hablar antes de tiempo.

Antes de todo eso, al principio de su mandato, el

presidente Arzú había hecho de Pérez Molina el inspector general del ejército y le había concedido un espacio que más tarde se convertiría en un eje de la propaganda biográfica del general ya retirado, de su argumentación contra los escépticos, de sus alegatos contra una izquierda que casi unánimemente lo acusa de genocidio: lo haría signatario de los Acuerdos de Paz.

ESCENA I. ACTO IV

En agosto de 1999, Alfonso Portillo estaba tan seguro de que iba a ganar las elecciones, que ya había elegido a un equipo para hacerse cargo del cumplimiento de los Acuerdos de Paz. El equipo incluía a Pérez Molina, a quien había perfilado como ministro de la Defensa. La noticia no tardó en circular en el ejército. Pérez Molina estaba lejos aún en Washington, pero la perspectiva de su posible regreso tenía a muchos militares preocupados. "Ellos sabían que Pérez Molina les iba a pasar factura a todos", afirma un asesor cercano a la fuente militar.

El 24 de diciembre, en su círculo inmediato, Portillo continuaba hablando de Pérez Molina como su ministro de Defensa. El 31 de diciembre, ya como presidente electo, Portillo le habría confirmado al mismo Pérez Molina que lo nombraría en el cargo. Para entonces, al futuro mandatario le habían trasladado una lista de tres nombres para confirmar al titular de Defensa. La terna incluía a su preferido, así como a Hernández y Calderón.

Pero el plan de Portillo había pasado por alto un detalle: Efraín Ríos Montt. El general Ríos tenía la impresión de que Pérez Molina había intentado matarlo. ¿Por qué? En junio de 1983, varios oficiales de la promoción 73 –incluyendo a Pérez Molina– le exigieron a Ríos que cumpliera quince puntos que había ignorado como jefe de Estado, cuando llegó al poder con el golpe de Estado de marzo de 1982. Públicamente, Ríos se mostró anuente, aceptó de buena gana, pero lo primero que hizo después fue despedir a todos los oficiales que lo habían confrontado. Acto seguido, desconocidos lanzaron una granada a su casa. Ríos salió ileso, pero no olvidó la agresión y años después se cobró la factura, aunque Pérez Molina siempre negó responsabilidad en el atentado. Hacia finales de 1999, Ríos también movió sus piezas y expulsó a algunas del tablero. Una de las piezas desterradas fue Pérez Molina. Entonces, también comenzaron a circular otros nombres para dirigir el Ministerio de la Defensa.

Además de Ríos Montt, Pérez Molina tenía otro anticuerpo relevante en el equipo de Portillo: Ortega Menaldo, quien al parecer no le perdonaba el desplazamiento de los oficiales de La Cofradía en la D-2 en el gobierno de Serrano. Portillo nunca admitió que Ortega Menaldo era una figura importante en su administración. Nunca ocupó cargo alguno. Ortega admitió que conocía al presidente, pero también negó participación alguna en su gobierno. Fuentes extraoficiales admiten lo contrario y lo pintan como una figura influyente, que evitó que Pérez Molina se acercara a los círculos de poder.

Quizá por eso llegado el 2 de enero de 2000, a doce días de ser investido como presidente, Portillo hace la maniobra inesperada –traicionera, para Pérez Molina, o antioligárquica, para un politólogo que vi-

vió el momento cerca de Portillo– y decide nombrar
como ministro al coronel Juan de Dios Estrada Veláz-
quez. Y así, de un brochazo, confirma la inadvertida
fragilidad de la estructura militar y de los sueños de
Pérez Molina. "Es como un castillo de naipes", dice
una fuente. "Quitas un naipe mal puesto, y todo se
viene abajo". Y así fue. Todos los generales, de División
y de Brigada –el signatario de la Paz incluido– pasaron
a disponibilidad, y así también se le cerró a Pérez
Molina esa puerta de acceso a liderar el ejército.

ESCENA II. ACTO I

El 29 de diciembre de 1996 Arzú haría viajar a Otto
Pérez Molina con un grupo conformado entre otros
personajes por el excomandante de la URNG, Rolando
Morán, la Premio Nobel de la Paz, Rigoberta Menchú,
y el entonces director del Fondo Nacional para la Paz,
Álvaro Colom, para conmemorar en Nebaj, Quiché,
la firma del Acuerdo de Paz Firme y Duradera al mismo tiempo que se hacía un acto en la capital guatemalteca.

Nebaj era un lugar emblemático para la paz, puesto que lo había sido para una guerra que nunca recibió
ese nombre. Nebaj, una de las tres poblaciones más
importantes de lo que los militares llamaban el triángu-
lo Ixil, se había convertido en un lugar estratégico
para la victoria o la resistencia y había sufrido como
una de las localidades más castigadas por el conflicto.
Cuando llegó, no era la primera vez que Otto Pérez
pisaba esa tierra. Catorce años antes había estado allí,
en aquellos mismos parajes amplios y ondulados, desterrado de los círculos de poder, bajo el sobrenombre

de mayor Tito Arias, y había tenido –según me contó hace cuatro años– una misión por encima de todas: recuperar a la población.

Que volviera a confiar en un ejército que se había ganado toda su desconfianza. Un ejército que consideraba que todos los indígenas en las montañas apoyaban a la guerrilla y eran tratados como enemigos, como Otto Pérez reconoció en una conversación de 2007 con el embajador James Derham según un cable filtrado por WikiLeaks. Él, aseguraba, había llegado para cambiar esa idea.

Ascendido a mayor el 31 de mayo de 1982, Pérez Molina llegó a Nebaj en julio de ese año y su estancia duró hasta el 16 de abril de 1983. Oficialmente (según los registros del Archivo Nacional de Seguridad) apenas estuvo un año en la zona antes de que lo desplazaran pero desde que emergió como figura política, aquellos diez meses y medio representan su flanco probablemente más atacado.

En las elecciones pasadas, cuando trabajaba para *El Periódico*, el director me pidió que rastreara aquel fragmento desconocido de su vida. Llamé a defensores de derechos humanos en busca de información específica o datos concretos que me dieran un hilo del que tirar pero ninguno tenía nada. Concerté una cita con la exdiputada y exguerrillera Alba Estela Maldonado, la comandante Lola; y cinco minutos antes de reunirnos me telefoneó para sin mayores explicaciones cancelarla, *ad aeternum*. Hablé también con el padre Rosolino, que era el vicario de la diócesis de Quiché y me dijo que en aquella área, en aquel tiempo, hubo secuestros y masacres.

–Yo lo conocí en Nebaj –apostilló, según las anotaciones que tomé.

Fui con Nery Rodenas a la Oficina de Derechos
Humanos del Arzobispado, autores del Informe del
Proyecto Interdiocesano de Recuperación de la Memoria Histórica con la intención de cruzar datos con el
Informe de la Comisión para el Esclarecimiento Histórico. Rodenas me respondió que no tenían nada en
concreto y en el artículo que nunca publiqué, escribí:
"en el proyecto de Recuperación de la Memoria Histórica no hay una sola alusión a una masacre o crímenes cometidos durante ese escaso año en los alrededores de Nebaj. Tampoco en los volúmenes de la Comisión
para el Esclarecimiento Histórico ni en la Fundación
Rigoberta Menchú".

Me equivocaba. Esta semana volví a revisar los
informes, en línea. El Rehmi registra al menos seis
masacres en Nebaj en ese lapso: los casos 272, 275,
300, 304, 307 y 317, en las aldeas de Salquil, Palob,
Sumal, Chuatuj, Chortiz, y en Nebaj.

La Comisión para el Esclarecimiento Histórico
no sólo recoge cómo el ejército arrasaba la milpa y la
gente moría de hambre, exiliada en la montaña, sino
que además la desaparición de veinticinco personas:
"En agosto de 1982, miembros del ejército captura-
ron a Feliciana Brito Raymundo y a 24 personas más.
Un mes más tarde, Feliciana logró escapar. Del resto
de las víctimas no se tiene más información".

En aquel entonces, la búsqueda no duró más que
tres o cuatro días en la capital. Cuando llegué a Nebaj,
en realidad no tenía nada. Allí estuve dos días y me
reuní en una lóbrega casita de Asomovidinq, la Asociación de Movimiento de Víctimas, con más de una
veintena de personas que querían desahogarse con
alguien. Pensaban que les iba a solucionar algo o aplicar un bálsamo. Las escuché y todas eran historias

terribles de masacres, de familiares desaparecidos o desollados, y de entrada todas decían que el culpable era la misma persona: unos lo llamaban Tito, y otros Otto Pérez. Pero me di cuenta de que bastaban dos o tres preguntas sencillas sobre fechas o rasgos para desbaratar la mayoría de las versiones. En seguida, muchos de ellos reconocían que nunca lo habían visto, o que no lo hicieron hasta un año más tarde.

"El resultado de comparar la fecha de los crímenes con la de comandancia de Tito", escribí entonces, "es que el militar tendría que haberlos ordenado sin tener ningún mando o haberlos cometido sin estar presente". Había, entre aquellos entrevistados, también otros que tenían historias que les habían contado, algunos que habían estado presos, y algunos que habían sido patrulleros.

Cuatro testimonios me llamaron la atención (las edades son las que declararon en aquel momento):

Diego Chávez. 77 años. Fue obligado a patrullar. Declara que Tito advertía que si alguien disparaba sería sancionado. "No se saca la bala por gusto". "Nunca me dio orden de matar a nadie. Pero si algo se movía, había que disparar".

Cecilia Bacá. Huyó con la resistencia a las montañas y al regresar habló con su primo Vicente, un excomandante del ejército que le dijo que su padre había muerto por órdenes de Tito. "Si me hubieras contado yo habría hablado con el mayor, pero huiste sin decir nada", le dijo su primo.

Juan Chávez. 75 años. Estuvo 45 días preso en el destacamento. "El día que bajé a Nebaj estaba el mayor Tito, tranquilizándonos porque ya no iban a matar a nadie". Luego, durante su cautiverio, el comandante llegaba "y me decía ya te vas a morir. Mañana o pasado te vas a morir".

Catarina Brito de León. "Lo que yo sé es que el mayor Tito secuestró a la gente. Así lo hizo con mi esposo mientras cortaba leña. El 18 de diciembre de 1982. Al día siguiente me presenté ante él en el destacamento, con 30 mujeres más, y nos manifestamos durante 30 días".

En la calle, mucha otra gente ignoraba quién era Otto Pérez, pero hablaban de Tito. Unos decían que paró la bulla. Otros que fue un criminal.

El Plan Sofía 82 no era muy informativo sobre Otto Pérez, más allá de que lo mencionaba un par de veces o tres y cruzando datos se concluía que había participado en un combate con sangre. Por otro lado, había leído los fragmentos del libro del controvertido antropólogo David Stoll que hablaban del comandante Tito.

Eran estos dos y se parecían bastante a lo que yo había descubierto:

1. "El nuevo comandante no era uno de los oficiales jóvenes que habían derrocado el régimen de Lucas García, pero el mayor Tito Arias era el epítome de la imagen reformista. Los nebajeños afirman que 'la situación se calmó' bajo el mando de este oficial sensible. Por supuesto, su sentido humanitario era relativo a la situación: para escarmentar a aquellos que evadían patrullar, instauró la práctica de tirarlos a la pila del pueblo. Pero a diferencia de comandantes previos, Tito asumió que se estaba ganando a la gente. Los secuestros cesaron. Y como veremos más adelante, la recompensa a sus métodos fue la repentina llegada de dos mil refugiados de un aparente reducto guerrillero: las cercanías de la aldea de Salquil Grande".

2. "Sucedió que un activista de derechos humanos se encontraba en el pueblo a principios de 1983, cuando el mayor Tito dio su discurso de despedida. El mayor dijo que sabía que muchas de las personas que lo escuchaban aún lloraban la muerte de sus familiares, pero que el ejército también había perdido miembros, y por cada soldado muerto había también una familia enlutada. El visitante se sorprendió al ver que parte de la multitud lloraba. Muchos nebajeños consideraban que, de no ser por Tito, también estarían muertos, y no sabían con certeza si su sucesor volvería a los secuestros y masacres".

Hace unos días escribí a Stoll para preguntarle qué sabía sobre Tito. Me dijo que no mucho, me explicó cómo había llegado a sus conclusiones y además de contarme que hace poco oyó una detalladísima historia sobre cómo no evitó que sus tropas asesinaran a un prisionero, me dijo que cuando los grupos de derechos humanos lo acusan de ser responsable de masacres en Quiché, deberían precisar fechas y lugares de masacres y compararlas con su periodo en Nebaj. "No tengo conocimiento de que sea responsable de masacres de poblados".

En aquel entonces, regresé a Guatemala bastante decepcionado por mi falta de pericia y en una entrevista en la zona 15, la primera vez que lo veía, Tito, Otto, lo negó todo exceptuando su costumbre de tirar a los que no querían patrullar a la pila de agua.

Tuve suerte cuando alrededor de un año después, en 2008 o ya 2009, cayó en mis manos un documental que se llamaba *Guatemala: Deadline* y al parecer había estado perdido en un sótano bastantes años. Cuando vi la fecha, supe que ahí podía aparecer Otto Pérez y a mitad del metraje lo reconocí por su voz, su mirada

inerte y su peculiar nariz. Hablaba de morteros. En
El Periódico distribuí cinco copias, algunas de ellas a
mis jefes, como un asunto curioso. Después hice otras
dos: le mandé una copia a un defensor de los derechos
humanos al que creí que le interesaría investigar, y
otra a Otto Pérez que, supe, pidió verla de inmediato.
Quería comprobar cómo reaccionaban, pero sobre
todo, quería que si había algo ahí, unos tuvieran la
oportunidad de documentar, y el otro, de defenderse
conociendo todas las pruebas, como es de justicia.

En ese momento todavía no había reparado en
la escena que después se ha hecho famosa: el mayor
Tito, frente a cuatro cadáveres ensangrentados, leyen-
do un cuaderno con consignas pseudomarxistas.
Aunque Otto Pérez se ha quejado de la labor de la
prensa, que en aquel momento no mandó ningún co-
rresponsal para documentar su buen trabajo, un par
de reporteros estadounidenses habían pululado por
la zona. Cuando me di cuenta de que el video sugería
que Pérez había interrogado y torturado hasta la muerte a aquellos cuatro, me puse en contacto con Jean
Marie Simon y Allan Nairn, los dos periodistas estadounidenses que aparecen en el documental.

Simon, sorprendida —no sabía que Tito era Otto
Pérez—, me contestó en español:

—Nunca pudimos verificar que el ejército, es decir
Tito, mató a los cuatro hombres guerrilleros que se
ven en el documental. Llegamos al destacamento justo después de que hubo una explosión que oímos; la
versión oficial del ejército fue que los cuatro se habían
suicidado con una granada justo después de haberles
metido en un cuarto para así evitar que se les sacara
info sobre sus compañeros guerrilleros.

Nairn no me respondió hasta que lo volví a intentar

esta semana. Su primer correo me remitió a unos ar-
tículos que escribió por la época y más tarde (uno de
ellos asegura que Otto Pérez, cuando dirigió el Estado
Mayor, estuvo a sueldo de la CIA. En el otro artículo,
titulado *The Guns of Guatemala: The Merciless Mission of
Ríos Montt's Army*, se lee lo siguiente: "El día antes,
en Nebaj, un hombre de infantería que estaba de pie
sobre los cuerpos de cuatro guerrilleros ejecutados
horas antes mostraba la técnica de interrogatorio que
habían aprendido en "Cobra", un curso de contrainsur-
gencia para las tropas. 'Los atas así', dijo, 'atas las
manos atrás, corres la pita por aquí (en torno al cuello)
y aprietas con una bota (en el pecho)'. Lo atas, y haces
un torniquete con un palo, y cuando agonizan lo giras
de nuevo y preguntas otra vez, y si no responden, lo
haces hasta que hablen"). Después, Nairn me escribió
esto: "El mayor Tito fue un comandante clave en la
operación militar basada en la masacre de civiles".

En otro mensaje, le pregunté a Nairn por los matices que Simon le hace al video sobre la falta de certeza de que Otto Pérez torturó y la justificación de la
granada.

—Supongo que es posible —me respondió.— Pero
es un poco difícil de creer. Si fuera cierto significaría
que encontraron sus libros escondidos pero no sus
granadas o que uno de ellos logró robarle una sin llamar la atención o herir o matar a nadie de los soldados
que les rodeaban, y luego la hizo estallar. La explicación
oficial de que se mataron con una granada se contradice
con lo que los soldados dijeron en privado (que los
mataron tras la explosión, que hirió a algunos), y es
incoherente con las circunstancias (por ejemplo, el
estado de los cuerpos, el lugar bastante abierto donde

supuestamente explotó, y el poder explosivo de una sola granada).

Tan pronto como ocurrió la explosión, Tito entró en la escena. Habría estado un minuto cara a cara con los prisioneros. No nos permitieron entrar hasta un rato después. Entonces ya estaban muertos y alineados.

Desde el lunes he estado tratando de ponerme en contacto con el equipo de comunicación de Otto Pérez. Les llamé y escribí. El miércoles respondieron que sería difícil encontrar un espacio para una entrevista. Les propuse hacerlo por teléfono: no tenía muchas preguntas. Les mandé, ayer por la tarde, las interrogantes por correo. Quería saber qué pensaban del video. Aún no había recibido este último comentario de Nairn. Por la mañana me escribió su encargada de medios. No habían tenido tiempo de responder.

Hace unos días le pregunté a un asesor patriota que me pidió anonimato qué se pensaba en el partido sobre el tema. Me dijo: "el documental está editado. Y además es difícil saber a qué mayor se referían con lo del interrogatorio, porque había dos. Uno de ellos está muerto."

—¿Dos? ¿Cómo se llamaba el otro?

—Ahora no lo recuerdo. Pero si me viene te digo.

Le pregunté a Nairn si eso era posible. Respondió, entre otras cosas: "Nunca oí hablar de otro mayor por Nebaj en aquel tiempo. Suena a que se lo está inventando".

Escena II. Acto II

Probablemente, Otto Pérez Molina está entre los diez guatemaltecos más acusados de mil cosas distintas en los últimos quince años. Cosas graves, la mayoría.

Se le ha acusado, por medio del relato de un testigo que dijo haberlo visto tomar una cerveza cerca de la escena del crimen esa noche, de haber participado en el asesinato del obispo Juan Gerardi, en 1998. Se le ha acusado de organizar el asesinato de choferes de bus. Se le ha acusado de atentar contra Ríos Montt (aunque también él y su familia han sufrido intentos de asesinato). Se le ha acusado de robar un vehículo del narcotraficante Joaquín Guzmán tras su captura. Se le ha acusado de haber estado al servicio de la CIA, de haber malversado en los últimos meses del gobierno de Ramiro de León Q19 millones, de estar metido en el asesinato de Devine. Se le ha acusado, también de tráfico de drogas y de contrabandista y se ha señalado su contacto con los narcos, en particular con la familia Mendoza. Se le ha acusado de haber cobrado un cheque de Mercados de Futuros salido de la apuesta en la que el Congreso perdió Q82 millones (y él lo niega, y la embajada estadounidense no termina de creerse sus explicaciones, aunque tampoco las descarte, según otro cable filtrado por WikiLeaks). Y se le ha acusado, más recientemente, de haber concebido el asesinato de Efraín Bámaca, el comandante Everardo, mientras dirigió la inteligencia militar.

Hace once años que dejó el ejército. Al día de hoy, la única demanda que registra la página web del organismo judicial es una en la que él aparece como solicitante, no como sindicado.

ESCENA II. ACTO III

Juan Alberto Fuentes Knight, exministro de Finanzas del Gobierno de Colom, acaba de publicar *Rendición de cuentas*, un libro en el que asegura que el Partido Patriota condicionó ciertos pactos fiscales a que el oficialismo "no volviera a hablar de temas como la muerte del guerrillero Efraín Bámaca o el caso de la financiera que había contratado el Congreso".

ESCENA III. ACTO I

El 24 de febrero de 2001 Pérez Molina fundó el Partido Patriota. Era el partido con el que esperaba darle consistencia a su figura política y a su objetivo de alcanzar la presidencia del Gobierno. En toda esa década, la mayor fortaleza de la agrupación ha residido en su labor en el Congreso, a menudo de oposición dura, especialmente en los últimos cuatro años; de bloqueo habitual de iniciativas o negociaciones de los gobiernos de Óscar Berger y Álvaro Colom, de apoyo o propuesta frecuente en temas de seguridad y en asuntos económicos liberalizadores, y de gran algarabía fiscalizadora con escasos resultados, a excepción de los políticos. Durante el último Gobierno, fuera del Congreso y de cualquier cargo público, Pérez Molina ha desempeñado un papel más directivo que ejecutor y ha visto cómo se desplegaba la realidad nacional ante él sin jugarse el físico. Mientras tanto, ha logrado establecer alianzas que se presentan como clave para las elecciones en ciertos departamentos.

Conocedor del corte autoritario y de la inclinación caudillista y clientelar de la política nacional y especialmente de las elecciones en algunos de los departamentos del país, ha sabido atraer hacia su partido a ciertos políticos que van desde caciques hasta marrulleros y faltos de escrúpulos, pero todos con capacidad de obtener votos. "Firme en la estrategia, ágil en la táctica", como se dice que repetía su mentor, Héctor Gramajo, ha sabido volver dúctiles los requisitos de entrada al partido para poder mejorar sus opciones de victoria. "Firme en la estrategia, ágil en la táctica", también ha sabido administrar sus relaciones con el sector privado a lo que entiende que es su mejor conveniencia.

Basta con escrutar la segunda mitad del gobierno de Berger, un gobierno de empresarios en el que varios de quienes hoy están con él, o que desde el serranazo lo han querido cerca, tenían puestas sus esperanzas y sus intereses. Emmanuel Seidner o Carmen Urízar son dos de los ejemplos del gabinete bergeísta. Basta con darse cuenta de que fueron él y su partido quienes apuntaron al ministro de Gobernación de aquel tiempo, Carlos Vielmann, un empresario de la élite, y le dijeron: "usted está ejecutando extrajudicialmente. Usted debe dejar el Ministerio." Un tanto fuera del guión de un candidato de *mano dura*. Y basta con ver que lograron sacarlo.

Basta, también, con saber que cuando la Gran Alianza Nacional formó Gobierno, el Partido Patriota, miembro de ella, se centró en crear una bancada fuerte para ganar protagonismo en los siguientes años, y para la gente de su partido pidió poco más que tres puestos gerenciales que siempre fueron clave para los militares: migración, aduanas y la portuaria. Que para sí mismo obtuvo la Comisión Presidencial de Seguridad, que participó en la tibia modernización y en la amplia reducción del ejército y que dentro de la alianza no permanecieron ni siquiera medio año. Que Berger, el presidente aupado por la coalición, aseguró cuando se rompió el pacto que quizá era mejor tenerlos como opositores que hacen oposición que como aliados que hacen oposición.

ESCENA III. ACTO II

Todas las encuestas aparecidas durante los últimos meses muestran a Otto Pérez como vencedor de las elecciones. Está por verse si en primera o en segunda vuelta. Algunos creen que ha llegado el momento del general. Si lo es, su victoria podría ser la revancha de 1998, cuando lo enviaron a la congeladora, o de 1999, cuando lo desplazaron como candidato a ministro de la Defensa y luego fue desterrado del círculo político.

Si lo es, habrá traspasado su segunda frontera en unos mismos comicios. La primera fue haber convertido a su partido, según Mirador Electoral, en el que ha tenido un mayor gasto de campaña en unas elecciones, muy por encima de lo legal. La segunda sería convertirse a sí mismo en lo que ningún militar en el último cuarto de siglo ha llegado a ser: comandante general del ejército. Y presidente de la República.

Es difícil saber qué piensa Otto, el hombre del semblante impávido, de la mirada inerte. Es difícil prever cómo será un hipotético gobierno suyo, en esas circunstancias, en esta incertidumbre.

Más cuando unos lo consideran una especie de Juan Manuel Santos —una especie de traidor a los de su estirpe, al espíritu de cuerpo, o a sus aliados tácticos, como algunos podrían ver la reducción del ejército y sus batallitas con el sector privado– mientras él se empeña en mirarse en el espejo de Uribe.

Más cuando sostiene que es necesaria la refundación del Estado pero se opone al incremento de impuestos.

En su pasado, para bien o para mal, Otto Pérez ha demostrado ese rasgo del que a menudo hace gala: carácter. Ha habido gestos audaces, intrépidos, a veces temerarios e implacables e imprudentes. A veces, aparentemente, demasiado.

Otto Pérez está a punto de comenzar a escribir el colofón de su historia, el elemento que permita interpretar retrospectivamente sus pasos y quizá, ayudar a comprender al personaje. Está –eso nos dicen las encuestas– muy cerca de comenzar a hacer un gobierno del que quizá sólo él sabe lo que esperar a ciencia cierta.

Pese a lo que insinuó uno de sus diputados ante la embajada estadounidense, no parece no obstante ningún tonto. Pero tampoco semeja un niño perdido en el bosque.

Lo escribió el embajador Stephen McFarland: "Pérez Molina is no babe in the woods".

5.
"Quiero que alguien me demuestre que hubo genocidio"

*Entrevista con Otto Pérez Molina,
por Martín Rodríguez Pellecer*
25 de julio de 2011

Otto Pérez Molina, militar en los tiempos duros de la guerra, exdirector de inteligencia, signatario de los Acuerdos de Paz, último líder del ejército, es un competidor de largas distancias. Se siente seguro porque está más cerca que nunca de una meta que probablemente se trazó hace 30 años, la jefatura de Estado. Así, defiende la flexibilidad de su partido para considerar como líderes populares a políticos clientelares y corruptos, o no se inmuta cuando le preguntan si fueron actos de genocidio las masacres de indígenas en el Altiplano, en las que con la idea de arrasar con todo, desde la raíz, se arrancaba a los fetos de los vientres de sus madres.

Tiene muy claro a dónde quiere llegar y una estrategia firme para lograrlo. Esboza un gobierno conservador, pero no radical –a pesar de inspirarse en el uribismo– y asegura que mantendrá en su puesto a la fiscal general Claudia Paz, guardará autonomía respecto del empresariado y buscará a toda prisa una reforma

fiscal profunda. Es crítico con algunas posiciones
que ha tomado el ejército, pero subraya sus fortalezas:
sostiene que es la única institución que tiene mecanismos para autodepurarse de la infiltración del crimen
organizado.

Sabido de estar frente a un auditorio (el de la Universidad Rafael Landívar) que le respeta como persona
pero que no le adora ni le ovaciona, acudió puntual
a un foro organizado por la Universidad Rafael Landívar, que duró hora y media, y tuvo como corolario
una entrevista con *Plaza Pública*. En casi otra más
contestó sin prisa cada una de las interrogantes, deli-
neando con sus respuestas y sus silencios su personalidad y las posiciones de quien podría ser el primer
exmilitar que gobierne el país desde el retorno a la
democracia.

El futuro del MP y *mano dura*

*La fiscal Claudia Paz ha sido la jefe del MP electa en el proceso
con mayor transparencia en los últimos 20 años, con más resultados que sus antecesores en seis meses en casos de captura
de capos, de sicarios, de asesinos, de violadores de derechos
humanos. La CICIG y Estados Unidos están muy cómodos
trabajando con ella. ¿Si usted llega al Gobierno, respetaría su
mandato temporal o la cambiaría?*

Nosotros vamos a ser respetuosos de los mandatos.
Queremos que haya una gestión por resultados. Si
está cumpliendo con su trabajo y dando resultados,
sencillamente no hay motivo para removerla, como
será con los ministros y funcionarios públicos... y con
la fiscal general será así.

Esa misma frase dijeron los expresidentes Berger y Colom sobre los entonces fiscales. Al llegar al gobierno adujeron que no estaban dando los resultados adecuados y los quitaron. Para usted, ¿Claudia Paz está dando resultados en estos seis meses y el balance es el que esperan (de un fiscal)?

Yo le diría que sí. Yo diría... pues, siempre hay algunas cositas como por ejemplo la denuncia que puso Roxana Baldetti en el tema de Cohesión Social que no caminó y en la que ellos (el MP) hicieron que no avanzara en ese sentido. A mí me gustaría ver un Ministerio Público en el que se hacen las cosas no importando quién sea el acusado.

Pero si vemos los otros temas que han estado sucediendo y la agilidad que ha mostrado el Ministerio Público, si lo vamos a ver por la gestión por resultados, la gestión de ella ha sido positiva; ha tenido resultados positivos hasta el momento.

Usted mencionaba que el PP fue de los que inició la interpelación contra el exministro Vielmann por los asesinatos de los diputados y las cárceles. Sin embargo, la política de la que se acusa (la CICIG y el MP) a la administración Berger de perseguir y matar a quienes puedan ser pandilleros se parece en el imaginario popular a la mano dura. *¿Qué significa en políticas públicas su* mano dura *si ésta terminó en procesos legales en contra de quienes la aplicaron?*

Depende de la interpretación que le dé usted. No es salir a matar al delincuente. Es apego a la ley, cero tolerancia a la violación de la ley. Respetarla y hacer que se cumpla. Y el concepto que le hemos dado es que necesita un presidente que gobierne, y no sea indeciso, no tome decisiones... de eso estamos cansados. Aquí hay que tomar decisiones, riesgos que el presidente tiene que valorar. Lo peor que nos puede pasar es un presidente que llega y deja que las cosas pasen, en lugar de hacer que pasen en la dirección correcta.

El concepto de *mano dura* que tenemos está alejado del concepto que pueda pensar de capturar pandilleros y no ponerlos ante juez sino darles un tiro de gracia en algún lado... es totalmente diferente a eso que ellos, sin decir que era *mano dura*, creyeron que era la forma de defender a la población.

Vamos a hacer fuerzas de tareas interinstitucional, que sean apoyadas por la fiscalía y la PDH para verificar que estamos apegados a la ley.

En una pregunta que requiere una respuesta de una palabra, un hipotético gobierno suyo ¿estaría más inspirado o se vería más reflejado en un gobierno como el de Álvaro Uribe o como el de Juan Manuel Santos?

Yo le diría que en un gobierno como el de Álvaro Uribe.

EJÉRCITO, CRIMEN ORGANIZADO Y NARCOTRÁFICO

Con esto de mano dura *para decidir... Se depura la PNC, el MP, se debate si depurar a los jueces, y sólo la CICIG ha dicho que se tiene que depurar al ejército de la infiltración del crimen organizado. Usted sería el primer presidente exmilitar desde el retorno a la democracia. ¿Depuraría el ejército de la infiltración del crimen organizado?*

Totalmente. El ejército creo yo que es la única institución que tiene sus propios procedimientos internos para llevar a cabo esta depuración. El ejército tiene dentro de la dirección de inteligencia civil, una subdirección que se llama contrainteligencia, que protege a la institución precisamente de la infiltración del crimen organizado.

Hay inteligencia propia del ejército que trabaja para esos procesos de depuración, así que ese concepto de que el ejército se tapa con su misma chamarra es equivocado. El ejército siempre ha estado en esta lucha contra el narcotráfico y ha estado muy empeñado en que se dé esa autodepuración. Mejoraremos ese sistema y que si alguien está en esas cosas no sólo sea dado de baja y sancionado administrativamente, sino que enfrente los procesos judiciales que le corresponden.

Si vemos dos casos puntuales, el uso de armas del ejército por parte del narcotráfico o el uso de pistas de aterrizaje para narcotraficantes en bases militares, la autodepuración es un fracaso. Impulsaría usted una depuración externa como sucede en la PNC, ¿o qué haría para que tenga éxito esta depuración?

Quiero decirle que el aterrizaje de aviones del narcotráfico en pistas del ejército... se habló de un caso que no se comprobó.

En Zacapa.

Especularon que la zona militar de Zacapa quería arreglarse para el narcotráfico. Y yo he aterrizado ahí ahora que estoy en gira. No dejan entrar a nadie más que el carro que me va a recoger; piden el listado completo de las personas que van y revisan la aeronave en la que uno va. Hay personal para revisar cada cosa. Aquí hay que llegar al fondo. Es una nota que salió, no está escondida.

Al igual que el tema de las armas, en donde hay que deducir responsabilidad. De dónde y quiénes fueron los responsables. Y es un caso en el que está metida la CICIG. Y están apuntando, según me dijeron la vez pasada, a un... a los niveles más altos del ejército. Apuntaron al exministro de la Defensa. Esperamos que termine y se deduzcan las responsabilidades con las personas que estaban ahí.

Por cierto, ¿qué opinión le merecen las columnas sobre el tema que ha publicado recientemente José Rubén Zamora en El Periódico *sobre la infiltración del crimen organizado en el ejército?*

Yo creo que él tendrá su propia información. Es decir, yo creería que eso le sirve al Ministerio Público para que de oficio proceda a hacer las investigaciones necesarias para que la información que él obtuvo sirva para investigar y ojalá se puedan obtener las pruebas para procesar a las personas que ha señalado.

Me parece sano que se pueda ventilar públicamente, pero me parece más sano que si hay pruebas, se presenten al Ministerio Público. Que se abran las investigaciones, pues que yo le llegue a contar a usted que equis persona está en el narcotráfico y que usted lo dé por un hecho... Yo creo que aquí... debemos seguir los procesos. Y al que se encuentre metido en eso, que se le deduzcan responsabilidades.

Se ha creado un mito muy grande alrededor de esto, que viene desde los años setenta y años ochenta, de redes y participación de oficiales en actos criminales y que nunca se ha llegado a demostrar. Y le puedo poner un ejemplo muy claro. A Francisco Ortega Menaldo. Lo sacan en todos los escritos y muchos lados, pero finalmente nunca ha enfrentado en un juicio y se queda sólo en dimes y diretes y publicaciones. Y fíjese que le hablo de alguien con el que no necesariamente tengo una buena relación; yo le exigí la renuncia a Serrano y él era el jefe del Estado Mayor. Le digo porque es un caso típico, se publica sobre él y lo he visto ahí libremente y nunca nadie ha presentado pruebas.

Lo que hay que hacer es que señalamientos lleguen a la justicia.

La última pregunta sobre el tema del narcotráfico, tomando en cuenta las últimas capturas de capos relacionados al cartel de Sinaloa. Hace siete años, exaliados políticos suyos de la entonces Gran Alianza Nacional, en donde estaba el PP, el MR de Jorge Briz, el PSN de Castillo Sinibaldi y el M-17 de los bergeístas tuvieron una reunión en la que dos de las personas presentes nos confirmaron a varios periodistas que el Partido Patriota había propuesto para candidato a diputado por Izabal a uno de los Mendoza. Y que el resto de la alianza le había dicho que no. ¿Qué fue lo que pasó con esa reunión y cuál es la relación del Partido Patriota con esta familia acusada de narcotraficantes?

Bueno, quiero decirle que eso es una mentira. Quiero decirle que... el responsable de nosotros allá cuando iniciamos el partido era Alejandro Sinibaldi. A él le tocó ese departamento. En ningún momento nosotros hicimos ninguna propuesta para candidato a diputado a uno de los señores Mendoza... Nosotros sabíamos de qué se trataba. Es más, nosotros le pedimos a la gente del partido que no tuvieran relación con ellos. Nunca existió esa relación. El... el secretario de nosotros allá es Luis Gómez, que sigue siendo colaborador del partido. Él es un agente naviero. Él fue el que empezó a armar toda la organización, pero nosotros nunca llevamos de candidato a ninguno de ellos. Eh... nunca propusimos tampoco una candidatura de este tipo. Además, allá ya sabíamos que el candidato que iba a ir ahí era... este... que todavía es diputado, Byron, Byron Chacón. Nosotros peleamos por la segunda candidatura, que prefirió quedarse en la Gana. Nosotros creímos que él podía ser el que apoyaba la alianza a pesar de que no era del partido. Cuando el partido se salió de la Gana él prefirió quedarse. Si va allá puede seguir nuestra línea, quiénes son los candidatos a alcaldes, los secretarios, y no va a encontrar ninguna relación con esto.

(En un cable estadounidense, filtrado por WikiLeaks a *Plaza Pública* y publicado el 17 de agosto de 2011, el embajador Derham[*] escribió que en 2007 Pérez Molina reconoció que tuvieron una relación "mínima" con uno de los Mendoza y que fue el "bienintencionado" Alejandro Sinibaldi quien se lo presentó.)

GENOCIDIO

Para cerrar sobre el tema del ejército, usted dijo hace unas horas que había que definir qué era genocidio.
Así es.

La ONU y la Comisión para el Esclarecimiento Histórico (de la ONU), que son los que definen qué es genocidio en todo el

---

(*) En estas conversaciones con el embajador Derham, filtradas por WikiLeaks en agosto a *Plaza Pública*, Pérez Molina dijo en 2007 que el error de la estrategia militar antes de su llegada a Nebaj fue considerar como apoyo de la guerrilla a todos los indígenas que no bajaran de la montaña. Y, según el ahora presidente, permanecían en las montañas sólo para proteger sus casas y no por apoyar a la guerrilla.

planeta, declararon que en Guatemala hubo genocidio por las evidencias de las masacres contra indígenas. Por primera vez llega un caso de genocidio a tribunales porque el MP empezó a trabajar el tema de derechos humanos y genocidio. ¿Qué opinión le merece que la Fiscalía empiece a trabajar este tema?

Creo que el tema de violaciones a los derechos humanos hay que investigarlo y seguirlo investigando; aquí no vamos a esconder a nadie. Ahora cuando hablan de genocidio, yo quiero saber quién dijo que en Guatemala hubo genocidio.

Naciones Unidas.

¿Quién en Naciones Unidas?

La Comisión para el Esclarecimiento Histórico.

¿Quién? ¿El relator que lo dirigió?

La Comisión.[*]

Mire, yo le voy a decir algo que siempre he dicho y no lo voy a negar ahora siendo candidato presidencial. La Comisión para el Esclarecimiento Histórico no logró recoger y no dice la verdad de lo que pasó en el país. Y le voy a decir por qué. No es porque ellos lo hayan hecho por otro lado. Es porque el ejército no participó en eso. Y fui el principal crítico del ejército. El ejército debió llegar, decir, responder y participar en la CEH. El ejército se inhibió y no fue a explicar qué era el Plan Victoria 82. Lo dejaron a interpretaciones.

_____

(*) Conclusión 122 de la CEH: "En consecuencia, la CEH concluye que agentes del Estado de Guatemala, en el marco de las operaciones contrainsurgentes realizadas entre los años 1981 y 1983, ejecutaron actos de genocidio en contra de grupos del pueblo maya."

No explicaron el porqué se dieron las situaciones que se dieron en el Altiplano del país. No explicaron los procedimientos de operar, por ejemplo, del EGP (Ejército Guerrillero de los Pobres). El EGP lo que hacía era involucrar a toda la familia, a diferencia de Orpa, el EGP involucraba hasta los niños y las mujeres. Fíjese en dónde están concentradas las masacres, están concentradas en el área del EGP. En el área de Orpa, no hay, no hay señalamientos de ese tipo.

Así que aquí, la verdad de lo que pasó en el enfrentamiento armado interno... yo creo que los guatemaltecos deberíamos tener un equipo científico, serio, responsable, hoy a tiempo desde que terminó el conflicto armado, para que se hiciera una investigación seria y pudiera decirnos a los guatemaltecos qué fue lo que pasó.

Y yo le puedo decir en eso: ¿usted sabe cuál es la definición de genocidio?

Exterminio de una población por causas étnicas.

Exterminio de una población por razones de etnia o una religión. Eso no sucedió. Eso no sucedió, de verdad. Aquí lo que sucedió fue porque había gentes que estaban involucradas dentro de las acciones y dentro del campo de batalla. Pero aquí no se fue a decir "todos los kakchiqueles o los kichés o los ixiles van a ser exterminados". O "usted como es ixil va a ser exterminado". Eso no pasó. Y se lo puedo demostrar. Yo quisiera que me demuestre, así como yo puedo demostrarle que no sucedió, que nos demuestren por qué dicen que hubo genocidio. Yo personalmente no lo voy a aceptar porque yo sí estuve en el enfrentamiento armado interno. Y jamás hubo una orden en esa dirección y si la hubiera recibido jamás la hubiera cumplido. Que me dijeran que a los ixiles de tal lugar hay que matarlos. No lo hubiera cumplido la mayoría de oficiales.

Le quiero contar. En las unidades también había ixiles, kakchiqueles. Le quiero contar. El 90% del ejército era población maya, indígena. ¿Cómo es posible que digan que hubo genocidio cuando combatían ixiles contra ixiles? Ahí no hay exterminio. No es por razón de etnia o religión. Quisiera que me expliquen y quisiera oír las explicaciones que van a dar en su momento. Querer magnificar las cosas, querer seguir en ese tema, querer meter figuras que no sucedieron, es querer seguir reavivando el enfrentamiento armado interno. Lo que queremos nosotros es ver hacia delante. Que se haga justicia, sí, pero que se haga justicia, no que se haga lo que un pequeño sector quiere hacer.

Acaba de salir el día domingo un reportaje en uno de los medios de circulación escrito más grande del país, en el que se llama a que se haga un balance y se haga justicia. ¿Qué pasó con el que asesinó al embajador de Estados Unidos? ¿Y al de Alemania? Yo no he visto a nadie que se pronuncie o que cuestionen a las organizaciones que fueron las responsables de esos hechos. A los que hicieron la masacre del Aguacate en Chimaltenango. No he visto al Ministerio Público interesado en eso. Quisiera ver justicia, pero no parcializada.

Para regresar al inicio de su respuesta sobre que no hubo explicación del ejército a la CEH. Lo que hubo en vez de eso fue ocultar planes y documentos clasificados, que hasta la fecha no entregan.

Así es.

*En lo que sí hay evidencia es de masacres no sólo a guerrilleros
sino a pueblos que podían simpatizar con la guerrilla en el
Altiplano, y que no sólo se mató a los hombres armados que
pudieran ser guerrilleros o a mujeres adultas, sino que se mató
a niños, a mujeres embarazadas, arrancaron fetos de las mujeres
embarazadas y no sólo mataron a los posibles adversarios militares sino a todo el pueblo. Y por ese exterminio de no sólo
combatientes sino a poblaciones enteras es que desde la CEH
y para cualquier investigador sobre genocidio de todo el planeta
es que se ha calificado de una política estatal de exterminio de
poblaciones por una supuesta simpatía con las guerrillas.**

Pero...

*Y en el tema de los juicios por masacres. Según la misma CEH,
93% de las masacres fue perpetrada por fuerzas del Estado
y hasta ahora no ha habido una sola condena por este 93% de
casos. Y para cerrar con el tema, ¿es reavivar el enfrentamiento
o buscar justicia contra los que violaron los derechos humanos?***

_____

(*) Conclusión 111 de la CEH: Considerando el conjunto de
actos criminales y violaciones de los derechos humanos
correspondientes a las regiones y a las épocas señaladas,
analizados al efecto de determinar si constituían delito de
genocidio, la CEH concluye que la reiteración de actos
destructivos dirigidos de forma sistemática contra grupos de
la población maya, entre los que se cuenta la eliminación de
líderes y actos criminales contra menores que no podían
constituir un objetivo militar, pone de manifiesto que el único
factor común a todas las víctimas era su pertenencia a un
determinado grupo étnico y evidencia que dichos actos fueron
cometidos "con la intención de destruir total o parcialmente"
a dichos grupos (Artículo ii, párrafo primero de la Convención).

(**) Conclusión 114 de la CEH: Junto a las matanzas, que por
sí mismas bastaban para eliminar a los grupos definidos como
enemigos, efectivos del Ejército o patrulleros cometieron

Yo estoy de acuerdo con buscar justicia, pero no que se parcialice. Fui el principal crítico del ejército al no haberse presentado a la CEH y explicado los planes. El Plan Victoria 82 tenía como prioridades recuperar a la población en medio del conflicto, rescatar a la población obligada por la guerrilla a colaborar con ellos y hasta la tercera prioridad era el combate con las unidades. El Plan Victoria vino a darle una vuelta a lo que había anteriormente.

Lo que le digo es que en los lugares en los que participó el EGP, y mire su responsabilidad, el EGP involucró a familias completas, armó a la población. Lo que tenían era fuerzas irregulares locales, desplazaron a la autoridad, pusieron los comités clandestinos locales, suplantaron la autoridad, quemaron los juzgados y la papelería en esa área del EGP. Y lo hicieron para decir que la autoridad era la guerrilla. Y usted encontraba listados en los buzones en donde estaban niños, mujeres, ancianos involucrados con tareas que ellos les ponían.

Fíjese que esperaban que la patrulla llegara en medio de la aldeíta y ahí tenían a la gente apostada, a los que iban a disparar, para que en medio de la aldea les dispararan. Mataban a un soldado, a dos soldados, herían a otros dos y ahí propiciaban el enfrentamiento armado interno. Esas cosas me gustaría que quedaran recogidas. Reaccionaron muchas patrullas

---

sistemáticamente actos de extrema crueldad, incluyendo torturas y otros tratos crueles, inhumanos y degradantes, cuyo efecto fue aterrorizar a la población y destruir los fundamentos de cohesión social entre sus miembros, en especial cuando se obligaba a que éstos presenciaran o ejecutaran dichos actos.

en medio de la población cuando veían que compañeros suyos habían sido muertos o heridos.

Eso fue lo que provocó el EGP, así que hay que deducirles esa responsabilidad.

Gustavo Porras, como otros exmiembros del EGP, en su libro reconocía que uno de los errores del EGP era haber magnificado lo que tenían de fuerza y lo que decían que tenía de armas, y que el ejército magnificó también esa fuerza y cantidad de armas que tenía el EGP y por eso vino una reacción tan fuerte. En realidad los campesinos que simpatizaban con el EGP no tenían esa cantidad de armas. Si no, no hubiera habido una aplastante victoria militar como la que hubo. Pero si quiere ese tema podemos verlo en otra entrevista para terminar con las dos preguntas de esta conversación.

EMPRESARIOS Y REFORMA FISCAL

En la relación con el sector privado organizado, hace cuatro años usted puso en su binomio a un empresario y en esta ocasión nombró a una política, en lo que podría interpretarse como un incremento de su autonomía. Pero en la lista al Congreso, sobre todo del Listado Nacional, hay muchos empresarios de peso. ¿Vamos a ver en un hipotético gobierno suyo a una administración subordinada a los empresarios?

El Partido Patriota ha marcado realmente su independencia. Hace cuatro años, casi arrancando las elecciones, el PP fue el que llevó a una interpelación al ministro de Gobernación (Carlos Vielmann, de la élite empresarial, por el asesinato de los diputados del Parlacen y los policías que supuestamente fueron los asesinos materiales), que desencadenó la renuncia de él.

El Listado Nacional lo encabezan Valentín Gramajo, fundador del partido; Oliverio García, legislador reconocido; el tercero es Pedro Muadi, quien sí ha participado en las cámaras pero también es economista y creemos que es importante tenerlo dentro porque fue una deficiencia de la bancada; las demás no tienen que ver con empresarios. El cuarto es Haroldo Quej; el quinto es Alexander Castillo; el sexto es Ricardo Saravia, que es un político que ha participado y tiene vínculos con el sector privado; el séptimo es Emmanuel Seidner, quien pues también tiene estrechos vínculos o una buena relación con el sector privado (...) Al principio no quería ir al Congreso, pero luego me lo pidió porque dijo que sí le interesaría por la experiencia e ir a conocer y meterse en una carrera política. No podemos decir que tenemos una carga fuerte del sector privado o (que) represente sus intereses. No tenemos compromisos y queremos hacer un gobierno para el pueblo de Guatemala y no para un sector específico.

Para matizar lo que dice, de los 7 del Listado Nacional, 3 son empresarios: Muadi, Saravia y Seidner. Usted ha hablado de la necesidad de una reforma fiscal, pero su bancada, que es la principal de oposición, se ha opuesto sistemáticamente a todo lo que tiene que ver con tema fiscal en esta legislatura. A la ley antievasión, al impuesto a las telefónicas, a la reforma al ISR, a cualquier avance en el tema fiscal.
    Cierto.

¿Cómo van a cambiar este discurso en el Congreso después de haber provocado que ésta sea la legislatura más improductiva —con el apoyo de la mediocridad de la bancada oficial—, pero que por su oposición sistemática tenemos un Estado tan cerca

*de estar quebrado? ¿Cómo explicará a los votantes que después
de esto ahora sí van a aprobar una reforma fiscal?*

Primero quiero decirle que no es nuestra responsabilidad, como bancada de oposición, que no hayan pasado las cosas, es por la ineptitud de la bancada oficial y sus aliadas, que tienen más de 80 votos, que no han podido hacer las cosas consistentemente. Le cuento que nosotros no hemos sido la bancada mayoritaria; nos han pasado la aplanadora de los aliados.

Los que aprobaron el presupuesto actual, desfinanciado, no fuimos nosotros. Fue la bancada de la UNE con sus aliados, que alcanzaron casi 95 votos. Y con esos votos podrían haber hecho las cosas que tenían que hacer, correctamente. Pero aprueban el presupuesto sin fuentes de financiamiento, cuando deberían haber aprobado primero eso y después el presupuesto. No fueron capaces de hacerlo. No quisieron hacerlo. Se brincaron la ley. Ahora nos quieren responsabilizar a nosotros y ellos fueron los que hicieron mal las cosas. ¿Pero qué quieren hacer ahora y en los años anteriores? Meter parches fiscales.

Cada año se quisieron inventar un nuevo impuesto o subir una tasa. Nosotros no estamos de acuerdo y que cada año aprueben algo para que sigan aumentando. Si queremos tener un país con certeza y previsible tenemos que ver que no nos cambien las reglas cada año. Desde el gobierno de Óscar Berger propusimos una iniciativa para que el Pacto Fiscal se convirtiera en ley y no tuvimos el eco ni respuesta en las bancadas por los otros intereses que tienen. Queremos un Pacto Fiscal.

Quiero contarle algo que no salió a luz pública. A principios del año pasado el presidente Colom me habló a mí. Y le quiero decir que yo, consecuente con lo que habíamos dicho... el presidente me dijo que quería hacer una reforma tributaria de largo alcance; y eso es lo que hemos venido proponiendo nosotros. Hagámoslo. Nos vamos a encargar nosotros, desde la oposición, de ser parte de eso y lo vamos a apoyar si es una reforma integral y es un pacto fiscal.

Se sentaron el presidente del Congreso, el ministro de Finanzas y un viceministro, y de nuestra parte Roxana Baldetti, Alejandro Sinibaldi y Pavel Centeno. Tuvieron diez reuniones, por dos meses, y se llegó a un acuerdo del 95% porque era una reforma con una visión de mediano y largo plazo. Cuando estábamos a punto de llegar, exigimos que se incluyera transparencia, que los gastos de Cohesión Social tuvieran transparencia y se reportaran, y ahí se paró. Ya no avanzamos porque ellos ya no quisieron cuando les hablamos del tema de transparencia. Hemos tenido la voluntad cuando hemos hablado de largo plazo. Lo que no queremos es ser improvisadores. Eso no es para un país que invite a la inversión y la generación de empleo. Desde hace seis años insistimos en lo mismo y ahora que vamos a tener la oportunidad de hacer gobierno, vamos a lograr que esto sea una realidad.

Si bien ha habido inconsistencias en las iniciativas de ley presentadas desde el Ejecutivo, no me puede negar que el PP se ha especializado como oposición en las tácticas de filibusterismo parlamentario para bloquear iniciativas de ley. Y han logrado bloquear desde la aprobación del presupuesto al impuesto a las telefónicas. No se puede pedir sólo al Gobierno que impulse leyes si hay una oposición disciplinada que se propone bloquear con interpelaciones, con tiempos y muchas herramientas, el avance de leyes. ¿Tienen ustedes algún análisis autocrítico de

*esa oposición que no permitió el avance ni siquiera en el impuesto
a las telefónicas que tiene toda América Latina?*

Quiero decirle que ese impuesto el mismo gobierno
desistió de hacerlo. Y cuando estábamos en eso fue
cuando hablamos de una reforma integral y ya le conté
por qué no caminó. El Gobierno ha querido echarnos
la culpa a nosotros y no están dispuestos, bueno, no
estaban porque ahora han querido cambiar la decisión
hace dos días porque les empieza a hacer crisis. Ellos
lo que tienen es un paquete de aumentar Q2 mil 500
millones el techo presupuestario, donde querían quitar los candados que se pusieron y que ellos habían
aprobado.

Les dijimos: separen las cosas, no quitemos los
candados y en los préstamos estamos de acuerdo. No
tienen necesidad de subir el techo presupuestario. La
desesperación del Gobierno era que quería seguir
dándole el apoyo a la candidata de ellos. Pero no íba-
mos a permitir que con el dinero y los impuestos de
los guatemaltecos se apoye una candidatura que, además de todo, es ilegal.

En el momento en que ustedes nos digan que no
van a subir el techo presupuestario, que no van a quitar
los candados, nosotros vamos a aprobar los préstamos,
con una condición de que cuando quieran modificarlos,
tienen que regresar al Congreso. Hasta anteayer lo
aceptaron. Van a hacer una iniciativa nueva, porque
la que tenían es un solo cuchumbo, un solo paquete.
Ahora ya aceptaron y estamos dispuestos a aprobar
los préstamos, conscientes de que se necesita ese dinero. Que no fue capaz este gobierno de hacer una
reforma tributaria y un pacto fiscal y necesitan financiar
las cosas que no lograron sacar de otros lados y los

vamos a apoyar. Queríamos llegar a este punto. Y bueno, estamos dispuestos a hacerlo.

Usted mencionaba en el foro que ha habido una postura firme del PP en el tema fiscal y que no están improvisando y decía que hay un equipo de trabajo y que el plan de gobierno se ha construido en los últimos tres años. ¿Cómo explicar que el que dirige el plan de gobierno económico de su partido, Emmanuel Seidner, tenga una postura distinta a la suya en el tema fiscal o que no lo tengan claro?

Bueno, mire, Seidner no tiene una posición distinta a nosotros. A Seidner le hicieron una entrevista que nosotros criticamos el lunes, durante el comando de campaña el lunes. Criticamos algunas de las respuestas que él dio. Nosotros le dijimos que no puede dar respuestas a título personal. Aquí es una línea que nosotros hemos venido trabajando desde hace mucho tiempo y vamos a seguir sobre esto. En el fondo de las cosas, Seidner está de acuerdo y está en esa lucha.

¿Y sobre las zonas francas?

Sí... ese es el tema que está a discusión y habrá que llegar a un acuerdo y al final vamos a llegar a un acuerdo. Así como él habló de zonas francas porque cree que eso viene a generar oportunidades de empleo, pues otros van a venirnos a decir otras cosas y debemos buscar el gran acuerdo final. Yo lo que puedo decirle es que hemos sido consistentes y vamos a ser consistentes. Hablamos sobre el Pacto Fiscal y vamos sobre esa línea. Esperamos que lo logremos hacer. Hay otros sectores de la sociedad civil que afortunadamente están sobre esa línea y están trabajando y nosotros creemos que debería ser aprobado antes de que finalice

este año y comience el próximo año fiscal, para que
ahí ya entren todas estas modificaciones.

CLIENTELISMO Y CORRUPCIÓN

*En otra pregunta que quedó en el ambiente del Foro, usted
criticaba los Pacures (programa clientelar de votos a cambio
de obras) y el clientelismo, pero para llegar al poder reclutaron
a algunos de los íconos del clientelismo eferregista como Crespo,
Quej, Arévalo.*

El clientelismo con el Pacur comenzó con el gobierno de la Gana. Este gobierno lo continuó haciendo negociaciones, proyectos en Comunicaciones y
Covial, e hicieron alianzas de intereses personales.
Hicimos una oposición férrea a eso. Y en el gobierno
seguro no lo van a ver ustedes. Los que me dice llevan
un año en la bancada, disciplinados, siguiendo la línea
del partido. Las personas que llevamos del FRG son
muy institucionalistas y disciplinadas. Han seguido
la línea y yo estoy contento de ver el comportamiento
que han seguido.

*Son políticos (Crespo, Quej, Arévalo) que fueron parte del
Comité Ejecutivo Nacional del gobierno clientelar del FRG,
que ahora están en la oposición sin tanto acceso al poder, pero
su respuesta sería que si el PP llega al poder ellos se disciplinarán
para no cometer los actos de corrupción y clientelismo en los
que incurrieron hace seis años.*

Lo que le diría es que va a encontrar en Arístides
Crespo, Haroldo Quej e Iván Arévalo liderazgos fuertes en sus departamentos, no cuestionados, que han
mantenido porque han dado respuesta a los ciudadanos.
Han repetido en sus distritos porque tienen una buena

organización, que han logrado mantener y están cerca de su población y han luchado por darles respuesta intermediando, trayendo a los funcionarios para que los escuchen. Son líderes que han mantenido el contacto y comunicación, que han trabajado. Es lo que encontramos y es lo que usted debería buscar en un departamento. Que hay otros cuestionamientos... ellos tendrán que responder por lo que hicieron anteriormente. Yo voy a responder de lo que hagan en el Partido Patriota.

Usted decía que su gobierno no tendrá clientelismo, pero es clientelismo esta intermediación para obras que puedan ir desde un estadio de fútbol hasta construcciones para familiares o amigos, como el alcalde Arnoldo Medrano, que incorporaron al Patriota. ¿Cómo hacer que un político corrupto y clientelar pase a ser uno popular que entra en el Partido Patriota? ¿Cómo hacen esa transición?

Quiero contarle que fueron procesos para entrar al PP, y que (ellos) son la minoría. Usted me habla de cinco o seis casos de 300. Podríamos tener ahora una bancada de 60 diputados, pero vimos quiénes sí tienen capacidad de liderar su departamento o quienes querían aprovechar la oportunidad. Medrano ha sido un alcalde controversial. Medrano tiene un estilo muy personal para hacer las cosas. Le hemos dicho: "aquí usted tiene que seguir las líneas del partido", en organización, fiscalización, preparación para el día de las elecciones. Él nos dijo que iba a hacer las cosas como las había hecho y le dijimos que no. Cada vez que me reúno con ellos les digo que para trascender como partido, se tienen que aplicar.

Para cerrar el tema, corríjame si mi percepción es equivocada.
¿Entonces un político corrupto arrepentido, si es popular, cabe
en el Partido Patriota? ¿O cómo es la fórmula?

(Otto Pérez sonríe) La fórmula que nosotros tenemos es que mantengan liderazgo en su departamento o municipio. Y eso no es fácil, por ejemplo en
Chinautla (donde domina Medrano). Hay que ver que
tiene cosas buenas para mantener ese liderazgo. Se
habla del clientelismo o populismo, pero la gente en
Chinautla me cuenta de las respuestas del alcalde a
sus comunidades. Ese proceso nos permitió a nosotros hacer el balance para decidir si lo incorporába-
mos. Estaremos muy cerca de él y le daremos linea-
mientos.

6.
LAS CONTRADICCIONES DE LA VICEPRESIDENTE ROXANA BALDETTI

Perfil, por Ana Martínez de Zárate
18 de noviembre de 2011

Roxana Baldetti es la primera mujer en Guatemala que ha llegado a la Vicepresidencia, a la subjefatura de Estado. Con el partido que ella ha construido y liderado en una década. En un país machista que se lo explica por una afinidad con su líder político, como a todas las que destacan, que ella niega y responde con años de trabajo con ahínco y el reconocimiento de sus seguidores y adversarios. Con la lucha contra la corrupción como bandera y opacidades en sus finanzas privadas. Con vehemencia y conservadurismo. Éste es un repaso a la vida de la vicepresidente que puede ser la más influyente en lo que va de la era democrática.

Ella empezó a correr y correr, no podía dejar escapar a la fotógrafa que había captado un momento tan humillante. Pero Roxana Baldetti no la podía alcanzar. Al día siguiente los periódicos sabrían, y habría imágenes para demostrarlo, que fue detenida, porque la Policía la encontró con una gran cantidad de dinero en su bolsa. Y con esa sensación de angustia, de repente, se despertó. Así lo relataba, de forma divertida, unas semanas antes de que se celebrara la segunda vuelta de las elecciones la entonces candidata a la Vicepresidencia.

Baldetti quiere parecer simpática y lo consigue. Una semana antes de la segunda vuelta, en la casa de campaña del Partido Patriota muchos conocidos y desconocidos se acercan a ella para felicitarla y robarle unos minutos de su apretadísima agenda. Ella recibe a todos con una sonrisa y una mirada cansada. Hay varios empresarios, también, una señora de más 70 años, que ha esperado horas solo para expresar su compromiso con el Partido Patriota.

La entrevista se desarrolla en su despacho decorado con tonos suaves y acogedores. "Es que los hombres no son tan detallistas como nosotras", señala. Su equipo de comunicación graba todas sus entrevistas y de vez en cuando aparece su secretaria personal para recordarle que la esperan en el siguiente acto. "Usted sabe que estoy trabajando", contesta Baldetti, haciendo gala de su carácter. Al rato, recibe una llamada de Otto Pérez Molina: "Estoy terminando una entrevista, general, en cuanto acabe, me muevo para allá. Vaya, general".

Baldetti tiene fama de tener una personalidad muy fuerte, es apasionada, tenaz, tajante, trabajadora y le gustan las cosas claras. Sin embargo, haciendo un repaso sobre su vida, hay varios aspectos que permanecen un tanto oscuros, lejos de la claridad que a ella le gusta.

Sus compañeros de trabajo han destacado de Roxana Baldetti su preocupación porque la gente con la que trabaja esté cómoda. Sus críticos o sus adversarios, que prefieren ocultar su nombre, llegan a definirla como intolerante y agresiva. De ambas descripciones hay evidencia. Por ejemplo, en el Foro de la Universidad Rafael Landívar de las candidatas a vicepresidenciables, en donde se enfrentó a Raquel Blandón, del partido Lider.

A pesar de que Blandón nunca respondió a sus ataques e incluso elogió su trayectoria en el Congreso, Baldetti no tuvo piedad y a la hora de expresar un elogio sobre ella señaló: "De Raquel Blandón de Cerezo... perdón... me equivoqué... es que cuando era pequeña yo la conocía así. De verdad, pido disculpas... (muchos murmullos en la sala). Creo que tiene valor por haber aceptado la candidatura de Manuel Baldizón. Lo digo porque lo conozco y porque no se merece que sea presidente de Guatemala".

Asimismo, ya una vez ganadas las elecciones, en una entrevista radiofónica decía: "Ahora se va a sentir que hay un hombre gobernando un país y no un payaso, y que gracias a Dios y al pueblo de Guatemala, hoy tendrá que buscar trabajo donde le corresponda".

Ella niega tal extremo: "No, no me considero agresiva. Yo diría que tengo carácter. Mi timbre de voz es fuerte, ronco, aunque esté diciendo algo de buena manera va a parecer que te estoy molestando. Y soy muy delicada con mis cosas, mucho". Tanto que en otro momento de la conversación, no deja que una de las personas de su equipo de comunicación le mueva sus carpetas —todas de color naranja— donde guarda ordenadamente la documentación sobre los casos de corrupción que ella —y su equipo compuesto por ocho mujeres— investiga. En la parte mostrada, se aprecia una especial fijación por Manuel Baldizón, de Lider, y sus diputados. Era antes de la segunda vuelta presidencial.

Y es que así, fiscalizando, es como le atrapó la política hace 8 años: "Los primeros tres meses en el Congreso (en 2004) recuerdo que le decía al general (Pérez Molina): 'No me gusta, es un lugar en el que no entiendo lo qué están haciendo, solo platican, comen, no ponen atención, me siento amordazada y no me gusta'. Él me contestó: 'espérese un mes más y si realmente no le gusta, pide permiso y que entre el que sigue'. Pero como buena periodista empecé a investigar el primer caso de corrupción en el gobierno de Óscar Berger, que era un director de una institución y me di cuenta de que como diputada (así como de periodista) también puedo hacer investigaciones y fiscalizaciones. Ahí es donde me atrapa la política. Tengo poder para pedir datos que un periodista no puede tener acceso y puedo presentar mis informes de mi trabajo de manera política, aunque fueran trabajados de forma periodística".

A pesar de que quiere ser la abanderada de la transparencia no dice de forma pública ni sus ingresos, ni los financistas de su partido. "Se lo entrego a quien me corresponde por ley", contesta. Unos días más tarde, en una entrevista radiofónica a Emisoras Unidas, explica un poco más su hermetismo: "Tengo socios en varias empresas que han estado ayudando al partido, pero ellos fueron víctimas de este gobierno (de Álvaro Colom). Fue terrorismo fiscal. En el laboratorio (de productos de belleza), he tenido viviendo al Ministerio de Salud. Yo no quiero que les hagan lo que a mí. No he recibido dinero ni del narcotráfico ni del gobierno, cosa que el otro candidato sí lo ha hecho", concluye.

Sus inicios

Los orígenes de Roxana Baldetti son sencillos. Vivía junto a sus padres y sus dos hermanos en la colonia Primero de Julio, en la zona 19. Desde pequeña siempre destacó por su belleza, lo que le sirvió para participar en el certamen de Miss Guatemala, en 1980, donde quedó primera finalista.

Abandonó este mundo e incursionó en el de los periodistas. Su mentor, como ella le nombra en su currículum publicado en el Congreso, fue el abogado y periodista de extrema derecha Mario David García, que la contrató para el programa televisivo que él mismo había fundado y dirigía, *Aquí el Mundo*. Ahí estuvo varios años en diferentes puestos —fue encargada de la información internacional, de los corresponsales y gerente de ventas— hasta que en 1988 Vinicio Cerezo cerró el programa. Para Roxana Baldetti fue censura.

En el informe *Guatemala: Memoria del Silencio,* de la Comisión para el Esclarecimiento Histórico (CEH), se explican un poco más las razones de la clausura: "Luego de la intentona de golpe de Estado de mayo de 1988, el Gobierno ordenó el cierre de *Canal 3*, a tan sólo siete días para que finalizara el contrato del noticiero *Aquí el Mundo* con el canal. Por orden judicial se reabrió el canal pero no se renovó el contrato al noticiero debido a la advertencia del Gobierno de una nueva suspensión de este medio u otro si 'se vuelven a detectar acciones desestabilizadoras'. El noticiero había apoyado en sus emisiones la intentona golpista".

Este hecho lo confirma un trabajador del programa, quien recuerda a Mario David García —que se presentó en las elecciones de 1985, en las que ganó

Cerezo– con un pañuelo rojo en el brazo izquierdo aquella noche de mayo: "Estaba muy nervioso y él mismo contestaba las llamadas de teléfono. Después de recibir una, nos dijo a todos los que estábamos presentes: 'Ya no tenemos noticia'".

Después de que no se le renovara el contrato al noticiero, Mario David García intentó durante unos meses seguir con la emisión a través de satélite desde Estados Unidos, pero Cerezo presionó a todos los anunciantes para que retiraran su publicidad y finalmente, el programa desapareció.

El expresidente Vinicio Cerezo rebatió "que nunca se cerró el programa ni hubo censura. *Aquí el Mundo* se suspendió porque su director participó en un intento de golpe de Estado contra el gobierno y pretendía proclamar el éxito del mismo, en la transmisión en la que el señor García aparecía con los símbolos propios de los golpistas, incluyendo un pañuelo de bolas rojas en el cuello". "Recuerdo que el director de *Aquí el Mundo*, luego de haber participado en el intento de golpe y que el gobierno le otorgara la amnistía, llegó, no recuerdo si fue al despacho presidencial en el Palacio o en la Casa Presidencial, y me dijo que el dueño del canal no quería renovarlo, y García pretendía, que en mi calidad de Presidente influyera para que fuera renovado, por supuesto que no acepté, porque nunca me inmiscuí en la resolución de asuntos privados como había sido la tradición de los gobiernos autoritarios del pasado".

Roxana Baldetti en esa época estaba embarazada de su primer hijo, Luis Pedro. Óscar Mazaya, compañero suyo en *Aquí el Mundo*, rememora un momento especial: "Estábamos sentados en una banqueta, ella estaba embarazada ya, habíamos ido juntos a buscar trabajo, pero no habíamos encontrado y nos preguntamos los dos: '¿Y ahora qué?' Entonces, a mí se me ocurrió: 'Hagamos TV noticias'". Así es como enlazó su segundo trabajo, también como periodista.

EN EL MUNDO POLÍTICO

Pronto, por lo tanto, retomó sus relaciones con los políticos. Volvió a hacer una entrevista a Magdalena de Serrano (ya le había hecho una), la esposa del expresidente Jorge. A partir de entonces, entró en contacto con el entonces candidato, quien le explicó que no tenía equipo de comunicación y que si podía ayudarle para preparar mejor la campaña de las elecciones de 1990. Roxana preguntó cuánto le pagarían. Quinientos quetzales fue la cifra elegida y aceptó. El mayor adversario y el favorito para ocupar el cargo de dirigente del país era el periodista y candidato de la Unión Centro Nacional (UCN), Jorge Carpio Nicolle, pero contra todo pronóstico Carpio perdió y ascendió al poder Serrano, con el partido Movimiento de Acción Solidaria. También ella fue sorprendida por estos resultados: "Nunca pensé que fuera a pasar a segunda vuelta, pero pasó y ganó las elecciones", comenta.

"Como buena periodista", Roxana Baldetti aprovechó para pedirle la primera entrevista: "Estábamos en un hotel de la séptima avenida y todos los medios andaban detrás de él, pero él me la dio a mí. Cuando se acabó la entrevista me indicó: 'Quiero que te vengas a trabajar conmigo al gobierno'". Algo que Baldetti no tuvo mucho en cuenta. "Eso me lo dijo un presidente recién electo; pero a los 15 días recibí una llamada del presidente, ya con la banda, y me volvió a decir que quería que yo fuera parte de su equipo". Por aquel entonces la ahora vicepresidente estaba recién casada, ya tenía un hijo, pero nada de experiencia en política, así que le contestó: "No sé nada de política, pero si le sirvo en comunicación, con mucho gusto". Y ocupó el segundo puesto en la Oficina de Prensa de la Presidencia de la República.

Sobre el parentesco de Roxana Baldetti Elías parece quedar claro que ella no es sobrina ni tiene lazos familiares con la familia Serrano Elías, aunque personas con las que tuvo contacto en esa época aseguran que ella proclamaba que era sobrina de él. Sin embargo, Baldetti, en entrevista radiofónica, lo explica así: "Mi abuela es de La Democracia, Escuintla, y de ahí viene el apellido Elías. Jorge Serrano tiene este apellido, porque su mamá se llamaba Elías y su apellido era libanés, pero seguramente cuando le inscribieron el escribano no supo poner el apellido libanés, le puso el Elías, pero realmente era el nombre de su mamá".

SERRANAZO

El gobierno de Serrano Elías llevaba apenas tres años en el gobierno, pero desde marzo de ese año se estaban produciendo numerosas protestas. La situación era tan insostenible que el 25 de mayo de 1993, el presidente —antiguo servidor neopentecostal de Ríos Montt— disolvió el Congreso, la Corte Suprema de la Justicia y censuró a la prensa. Se inspiró en el autogolpe que había dado Alberto Fujimori tres meses antes en Perú, pero los resultados no fueron los mismos.

El Procurador de Derechos Humanos, Ramiro de León Carpio, logró escapar por el techo de su casa, pues esa mañana su vivienda amaneció rodeada por la Policía, fue a *Prensa Libre* y declaró: "He recibido ya de parte de más de cinco gobiernos el ofrecimiento de asilo político y se los he agradecido, pero les dije que no me puedo mover de mi país. Quizás sea el primer Procurador de los Derechos Humanos que trabaje en la clandestinidad, pero soy un defensor de la Constitución y del sistema democrático. No puedo menos que luchar, junto con los diferentes sectores sociales, por el retorno inmediato a la constitucionalidad. La sociedad tiene derecho a la resistencia, a unirse y a pedir explicaciones sobre una disposición absurda e ilegal. El presidente Serrano ha cometido delitos en contra de la Constitución y al volver al orden constitucional, lo lógico es que se le lleve a juicio". La entrevista fue publicada clandestinamente antes de que el periódico aceptara la censura al día siguiente.

A diferencia de lo que recuerdan los periodistas de entonces, según Roxana Baldetti, ella intentó impedir que hubiera censura: "Lo que hice fue decirle a Serrano que no estaba de acuerdo —y tengo pruebas y testigos— porque yo venía de una censura. El gobierno de Vinicio Cerezo censuró el programa de *Aquí el Mundo*. Y yo le dije que no podía estar de acuerdo, porque a mí me habían dejado sin empleo por una censura, que yo en lo que creía era en el diálogo y realmente, la democracia decía que había que dejar que los medios hablaran. Sin embargo, escuchó otras opiniones y cometió el gravísimo error de censurar a la prensa. Fue la Secretaría General la que se hizo cargo de mandar abogados por instrucción del presidente a censurar a muchos medios y yo lo que hice fue regresar a mi casa. No pude ni entrar a la oficina al día siguiente. En ese momento, tenía un bebé recién nacido (Mario Antonio) y mi esposo no quiso que yo saliera cuando me mandaron a llamar, lo cual se lo agradezco".

Sin embargo, algunos directores de medios de comunicación de la época contradicen que ella no estuviera en su oficina durante los acontecimientos ocurridos. Mario Antonio Sandoval, director entonces de *Prensa Libre*, hasta que renunció por la censura, recuerda: "ese mismo día (del autogolpe) o al día siguiente, no sé bien, recibí una llamada de parte de la Secretaría. Era Roxana Baldetti y me explicó que ya era legal hacer cualquier tipo de censura; a lo que yo le contesté primero que no era legal, segundo, que ellos no podían violar la Constitución y tercero, que mientras yo fuera director de *Prensa Libre* ningún censor iba a entrar. Llegó el censor y no le dejé entrar y le advertí: 'En el momento que usted ponga sus ojos en *Prensa Libre*, está cometiendo el delito de censura y yo le voy a perseguir hasta el fin del mundo'. Lo filmó CNN y el censor se dio cuenta de que se estaba metiendo en un problema muy serio y se fue. Cuando entré en la redacción, todos se levantaron y aplaudieron. Me emociona aún mucho eso. Sin embargo, a mí no me gustaron algunas decisiones de la Junta Directiva y decidí renunciar".

En el otro bando dentro del Estado, el entonces general en activo Otto Pérez Molina respaldó la resolución de la Corte de Constitucionalidad, que declaró inconstitucional las acciones de Serrano que rompieron el sistema democrático. Esto, unido a las presiones nacionales e internacionales, obligó a Serrano a salir huyendo rumbo a Panamá junto con su mujer y sus hijos, donde aún vive plácidamente, a pesar de que Guatemala reclama su extradición para que sea juzgado por casos graves de corrupción, pues aunque vivía antes de su gestión en el gobierno con problemas económicos, en Panamá vive como millonario y es accionista y propietario de diferentes empresas.

¿Robo?

Roxana Baldetti asegura que dejó de forma tranquila la Oficina de Prensa de la Presidencia. Los registros judiciales, no obstante, muestran que fue acusada por el Estado de llevarse varios equipos de esta oficina. Baldetti dice que cuando Otto Pérez Molina, el jefe del Estado Mayor Presidencial, EMP, en el gobierno de Ramiro de León, le reclamó los bienes desaparecidos, se aclaró la situación. Ahí es donde tiene la oportunidad de conocer al General, con mayúscula, como ella lo llama.

La demanda que le interpuso el Estado por "apropiación y retención indebidas" existe. Con fecha del 18 de abril de abril de 1994 se le acusó de la desaparición de varios bienes muebles que ascienden a casi Q24 mil, entre ellos una impresora, una destructora de documentos o una minigrabadora.

En la demanda consta que fue citada al Estado Mayor Presidencial, pero que "no se presentó". Los que acudieron fueron Sergio Fernando Illescas, jefe del Departamento de Administración del EMP, Augusto Francisco García del Valle, jefe de Administración II, y Óscar Amílcar, encargado del negociado de Inventario del EMP. Los tres reconocieron que habían desaparecido varios bienes en la oficina, de la que estaba a cargo Baldetti, pero a ninguno le constaba que ella hubiera sido la responsable del delito. Años después, en 2003, los abogados de la ahora vicepresidenta electa, los hermanos Zetina Gutiérrez, exponían: "El presente proceso ha estado inactivo durante mucho tiempo, lo cual induce a pensar que no existe ningún interés en continuar el mismo" y por tanto, "es precedente decretar la prescripción aunado al hecho de que no hay mayores elementos de investigación".

Pocos meses después se concedía la prescripción.

ETAPA EMPRESARIAL

Según Roxana Baldetti, Ramiro de León Carpio, el antiguo Procurador de Derechos Humanos y presidente designado por el Congreso tras el fracaso del autogolpe de Serrano, le pidió que le ayudara a comunicar. Pero ella no lo creyó conveniente y le dijo: "A usted no le viene bien que sea yo la que le comunique, porque hice gobierno con alguien que dio un golpe de Estado, es mejor que no le vean cerca de mí". De León insistió: "La referencia que yo tengo es que es muy buena trabajadora y necesito que trabaje conmigo".

Finalmente, se llegó a un acuerdo: "¿Sabe qué? Como no le quiero hacer daño, póngame a un intermediario para que yo les dé mis proyectos y que alguien se los desarrolle". Y a la persona que antepuso fue a Otto Pérez Molina. Roxana Baldetti se negó: "con ese señor yo no trabajo, porque obviamente había sido el que apoyó la orden de la Corte (que consiguió restaurar la democracia). Para mí era como traicionar a alguien que me había dado trabajo, aunque no estuviera bien hecho". Entonces, pusieron a otro oficial del ejército, pero este trabajaba muy lento y al

final, acabaron trabajando juntos Otto Pérez Molina
y Roxana Baldetti.

Tres personas muy cercanas a Ramiro de León
cuestionan estos hechos.

Después de Ramiro de León, llegó a la Presidencia
en 1996 Álvaro Arzú, entonces líder del Partido de
Avanzada Nacional, PAN. En esa época, la ahora vicepresidenta electa Baldetti permaneció fuera de la política y se dedicó a sus empresas privadas.

Formó una productora de publicidad, dio cursos
de relaciones públicas y manejo de la imagen en instituciones del Estado y se graduó en la Universidad de
San Carlos como periodista, en un plan de nivelación
profesional aprobado por el Consejo Superior Univer-
sitario en 1997. Pero además retomó otro de sus intereses desde pequeña: creó un salón de belleza, que
se convertiría en una cadena y que fue utilizado más
adelante, según varios periodistas, para "ganarse" a
las mujeres reporteras, a las que animaba a ir al centro
a hacerse tratamientos gratuitamente a cambio de una
cobertura amable. También formó con varios socios
un laboratorio de productos de belleza, llamado
Maorlis S.A., la única empresa que actualmente reconoce tener.

Fue en esos años también, entre 1996 y 1997, en
los que algunos periodistas dicen haber visto abordar
aviones a Baldetti rumbo a México, donde Pérez Molina participaba en las negociaciones de paz con la
guerrilla, lo que ella niega. En un país machista, los
rumores del romance entre ambos líderes del partido
han sido constantes desde entonces. Tanto que, en un
acto de transparencia sobre su vida personal muy raro
en el mundo de la política latinoamericana, ella misma
reconoció en una entrevista a Emisoras Unidas dos

días antes de la segunda vuelta, que esos rumores
afectaron a su matrimonio con Mariano Paz, un fin-
quero de San Marcos, con un negocio de distribución
agrícola, con quien tiene una relación desde los años
ochenta. Por ese motivo, durante un año Paz decidió
recluirse en el trabajo en su finca entre semana, hasta
que decidió volver de nuevo al seno de su familia en
la capital, con una confianza total en su esposa. Para
Roxana Baldetti esto es lo más duro de este mundo
político: "No ven mi capacidad, el trabajo que hago;
entonces inventan algo para destruirme. Tengo tres
varones que viven conmigo. Mi esposo y mis dos hijos, que han sufrido muchísimo".

De hecho no le gustaría que sus hijos siguieran
su camino, aunque el mayor, Luis Pedro, está muy
interesado —estudia Relaciones Internacionales, carrera
cercana a Ciencias Políticas— y según algunas fuentes,
Baldetti tenía la intención de impulsarle como diputado,
hasta que fue nombrada vicepresidenciable y desistió
de la idea.

PARTIDO PATRIOTA

Cuando regresó Otto Pérez Molina de la Junta Interamericana de Defensa, de la Organización de Estados
Americanos, en 2000, con sede en Washington, volvió
a involucrar a Baldetti en política. El exmilitar, ya
retirado del ejército, le contó que quería crear un proyecto político y que necesitaba su colaboración en
comunicación. Pérez Molina no tenía dinero para
pagarle, pero Roxana se entusiasmó. Lo recuerda así:
"Me dio la risa y le dije: 'En mi tiempo libre lo voy a
venir a ayudar'. Éramos 14 guatemaltecos y solo 4

mujeres. Todo era muy lento, así que propuse: 'Denme la mitad del país de organización, porque al paso que van nunca van a formar un partido político'. Acabé mi parte y la otra persona no había acabado el primer departamento. Así me convertí en la secretaria de organización del PP. Teníamos un año cuando hicimos la alianza con Óscar Berger, en la campaña puño, balanza y pirámide".

En sus dos períodos como diputada el crecimiento de Roxana Baldetti ha sido exponencial, tanto a nivel profesional como personal. Óscar Mazaya, diputado electo al Parlacen, explica su ascenso hasta la Vicepresidencia.

"Se ha ganado su puesto con su trabajo. Se quería que ocupara ese puesto alguien del partido, para que fuera de la misma línea y no hubiera grupos separados. En los gobiernos anteriores el vicepresidente ha sido siempre una persona ajena al equipo político; por ejemplo, pasó con Eduardo Stein, con Rafael Espada, y te dabas cuenta de que ellos estaban perdidos. Nosotros primero hicimos una encuesta interna, luego hubo una reunión donde se vieron los pros y los contras de que fuera ella la vicepresidenciable. Y lo único en contra era que la gente pensara que no teníamos a suficiente gente en el equipo". Por ello, será la primera vicepresidenta mujer, aunque no está a favor de una política de cuotas que beneficie la participación de las mujeres en política: "¿De qué sirve llevar a una diputada mujer al Congreso solo para que levante la mano?", se pregunta, dando poca fiabilidad a las recomendaciones que se han dado desde la ONU para fomentar la igualdad entre hombres y mujeres en política.

La conservadora dama de hierro

Varias personas piensan que ella es la que lleva la "batuta" en el partido, por encima de Otto Pérez Molina. "Es el motor del general", comentan algunos de sus compañeros políticos. Pero en su entorno más cercano lo niegan. Hugo Peña, asesor político y amigo de Baldetti, cree que son dos personalidades que se complementan, pues él es "analítico y certero; mientras que ella destaca por lo apasionada que es, lo cual le puede llegar a crear problemas porque siempre dice y defiende su verdad, y también destaca por creativa".

Como bien dice Peña, que sea tan apasionada le ha creado inconvenientes. Por ejemplo, Baldetti en varias ocasiones ha denominado a sus contrincantes de la UNE como guerrilleros, así lo hizo en el Foro de vicepresidenciables de la URL, "los patriotas nos caracterizamos porque cuando decimos algo tenemos las pruebas en la mano y sin embargo, la guerrilla se caracteriza por mentir, mentir, mentir, que es lo que hace Colom".

A pesar de lo "revolucionario" que puede ser el liderazgo de una mujer en política, pues es la primera secretaria general de un partido en el poder y la primera vicepresidente electa en 190 años de la República, Baldetti es una mujer de profundas creencias religiosas y sigue las tradiciones. Con frecuencia hace referencia a Dios, y no ha pasado un año que en su casa no se haya comido fiambre el día de Todos los Santos. Antes elaborado por su madre, pero desde que murió, ella es la que se encarga de cocinarlo desde varios días antes. Este conservadurismo que profesa le influye a la hora de elegir sus políticas en materia de sexualidad y la salud reproductiva. Sobre si repartir métodos anticonceptivos en los centros de salud, en el mismo Foro de la URL, expresó que su intención era "llegar a un acuerdo con las iglesias, porque hay algunas creencias, como las de los católicos, que evitan la planificación familiar (por métodos que la Iglesia no considera naturales)".

Estos últimos años como diputada y jefa de bancada se ha caracterizado por hacer una férrea oposición al partido del gobierno, fiscalizando y obstaculizando cualquier proyecto. En una entrevista radiofónica se defendía: "La oposición constructiva no existe. Estudié la palabra y oposición es oposición. Eso sí, oposición que tenga documentos". Un buen ejemplo de esta obstrucción es que ahora el PP se plantea una reforma fiscal con base en la que elaboró el Grupo Promotor del Diálogo Fiscal, que anteriormente había bloqueado al gobierno de Álvaro Colom y al ministro Juan Alberto Fuentes Knight.

Fuentes Knight recuerda que en la Comisión de Finanzas al presentar en 2008 la propuesta fiscal y explicarla a los diputados lo sorprendió la pregunta escéptica de Baldetti: "¿Esa propuesta es de ideología socialdemócrata?", a lo que él respondió afirmativamente porque se buscaba una progresividad tributaria, que permitiera una redistribución de los ingresos.

El exministro lo cuenta en su libro *Rendición de cuentas,* un volumen por el que, hace unos meses, Baldetti pidió que lo arraigaran. "Lo presenté como prueba en el juicio que llevo contra Sandra Torres", declaró la vicepresidente electa en una entrevista radiofónica, al tiempo que añadía con orgullo la supuesta cantidad de veces que su nombre aparece en esas páginas y el contenido de las referencias: "Me cita 398

veces, pero nunca mal. Me mandó flores. Creo que le
faltó carácter para marcharse a tiempo".

En realidad, el exministro la menciona trece veces
en su libro, casi siempre como un obstáculo a sus
propuestas. "La diputada Baldetti Elías tenía una
buena capacidad para comunicarse con la prensa y
para enviar mensajes sencillos a la población, y volvía
a repetir el mismo argumento", escribe Fuentes. "Se
expresaba con fuerza y seguridad, lo cual le aseguraba
un liderazgo incuestionable de la bancada del Partido
Patriota. Mi impresión era que ni a ella ni a sus correligionarios les interesaba el contenido de lo que discu-
tíamos, sino que lo importante era estar en línea con
lo que los medios querían comunicar y en contra de
lo que el Gobierno pretendía hacer. La consigna era
oponerse".

Esta oposición no ha estado exenta de machismos
y racismos para intentar doblegarla. Mario Taracena,
de la UNE, se refería a ella en la campaña de 2007
como "la prietita linda". Un año después, como jefe
de bancada oficialista, a Taracena no le quedó más
remedio que disculparse y tener que sentarse a negociar
con la jefa de la oposición en el parlamento.

Baldetti no ha sido acertada en algunas de sus
declaraciones o actuaciones en relación a la población
maya. En uno de los actos de campaña, se vistió con
el traje típico y espetó: "Miren, ya soy una de ustedes",
lo que equivaldría a que cualquiera que se vista de
bávaro para el Oktoberfest se considere parte de esa
cultura.

Rigoberto Quemé, técnico consultor del Observa-
torio Indígena Nacional contra el racismo electoral y
político, opina que todos los partidos, inclusive el PP,
han fomentado una imagen estereotipada de los in-

dígenas y que "la utilización de indumentaria maya es una muestra de racismo, expropiación y suplantación forzosa de nuestros valores, teniendo en cuenta que nos dejan al margen al momento de la representatividad".

En concreto de Roxana Baldetti, en el comunicado de prensa de esta organización se dice que "la vicepresidenta electa utilizó, de manera irrespetuosa, la indumentaria cultural de los Pueblos Indígenas a los cuales llamó *mis indígenas* (...) además, a medida en que se va conformando el gabinete de gobierno y los puestos públicos más importantes, ninguna mujer o indígenas han sido nombrados". Quemé añade que este próximo gobierno se va a caracterizar por no tener en cuenta las 56 consultas que se han hecho en los pueblos del interior en contra de la minería y va a seguir aplicando una política "extractivista".

BUENA VIDA

Cuando se le pregunta a Roxana Baldetti por el mayor problema del país, sin dudar enumera los siguientes: "La pobreza, la pobreza extrema y la concentración de riqueza en unos cuantos", aunque durante la campaña el PP se ha centrado sobremanera en la inseguridad y no en la redistribución de la riqueza. De hecho, una vez ganadas las elecciones Otto Pérez Molina en el programa *Hablando Claro*, de Emisiones Unidas, con el periodista Mario David García, explicaba cuál iba a ser la prioridad de su gobierno: "El mandato principal que nos están dando los guatemaltecos es que haya seguridad, que haya orden, que se frene la corrupción desmedida que ha habido en los últimos años en Guatemala".

Pese a ver esas carencias todos los días cuando viaja al interior y ser consciente de su importancia; ella sigue viviendo con los lujos posibles. Se sabe que tiene caballos, dos en concreto –que están en La Aurora– y llegó a presumir en una entrevista a *El Periódico*, por ejemplo, de cambiar todos los años de carro. Quizás tendría alguna explicación con su sueldo de diputada por unos Q30 mil al mes durante los últimos ocho años y un esposo empresario.

No obstante, al parecer las cuentas de la familia no estaban muy saneadas hasta hace una década. Tiene varias demandas en su contra por deudas. La primera del año 1992 y la última, del 2002. En ese último año fue denunciada por incumplimiento de deuda de una casa en carretera a El Salvador y arraigada por no pagarla. Tras ventilarse el caso en la prensa la deuda fue cancelada, pero para ello tuvieron que pasar más de dos años.

Ahora, la situación es muy diferente. Económicamente a la familia Baldetti le ha ido muy bien, especialmente al inicio de las campañas electorales. En la anterior, *El Periódico* dio a conocer la casa de lujo que se acababa de comprar en Marina del Sur, la exclusivísima zona en las costas del Pacífico para la que importaron arena de Miami, que le había costado Q4.5 millones. Según los cálculos, "tendría que invertir todo el salario de 12 años que devenga como diputada" para haber comprado esa casa. Ella entonces contestó, "no entiendo cuál es el punto, si compré o no compré, mis finiquitos están al día en la Contraloría y además, no manejo fondos del Estado". Explica que son los fondos de sus empresas las que le permiten estas adquisiciones.

Durante la actual campaña electoral, ha comprado otra casa en uno de los residenciales más exclusivos de la capital, en la colonia Los Eucaliptos, entre la 20 calle de la zona 10 y Muxbal, donde una parcela puede costar, según expertos en bienes raíces, entre US$1 millón y US$1,6 millones (entre casi Q8 y Q12 millones), es decir, más del doble de la que adquirió hace cuatro años.

Ahora que va a manejar fondos del Estado se verá si estaría dispuesta a hacer públicas sus posesiones patrimoniales y su dinero percibido al año, ya que solo asegura tener el negocio del laboratorio de productos de belleza y el de su esposo, que tiene una distribuidora de productos agrícolas.

Pero ella se muestra muy segura: "Con lo que he hecho en el país, si tuviera una cola, ten la seguridad de que ya estaría presa, porque he dicho de todo a todo el mundo".

No está tan segura de sus propios diputados. "Yo no defiendo a nadie. Si me traen pruebas, lo mandamos a la justicia. También dicen que yo tengo vínculos con el narcotráfico, pero a mí me gusta probar las cosas. Ellos (los de Lider) sí tienen esas relaciones", afirmaba en la conversación para este reportaje antes del 6 de noviembre.

Lo que promete es que se pondrá a trabajar con mucho ahínco para desenmascarar la corrupción, incluso dentro del Partido Patriota. "Yo le pedí al general (Otto Pérez) que la comisión de transparencia se convierta en una dirección, pues así tendríamos recursos materiales y humanos para probar la corrupción. Ahora trabajo con 8 personas y quiero que lleguemos a ser 40, porque cuesta muchísimo demostrarla, pero si tengo un aparato que me ayude a hacer investigación, y además, una inteligencia civil, va a ser muy fácil decirle a cualquier funcionario, sea cual sea: 'Aquí están las pruebas, usted se va a donde le corresponde, a darle cuentas a los tribunales de justicia'. Quiero ser la fiscal interna del gobierno".

Durante sus años como diputada, participó activamente en luchar contra la corrupción en el Estado. Por ejemplo, en 2006, fue una de las legisladoras que ayudó a periodistas de *Prensa Libre* para obtener información oficial que demostrara la estructura de obras a cambio de votos desde el Programa de Apoyo Comunitario y Rural (Pacur) de la Secretaría Ejecutiva de la Presidencia y con ayuda de la Organización Internacional para las Migraciones, por Q600 millones en dos años.

El trabajo para denunciar la corrupción en su propio gobierno y el Congreso seguramente no serán sus únicas tareas en la administración de Otto Pérez Molina. Su ascendente sobre el partido, la bancada y el gabinete de ministros será determinante para comandar las líneas que tome el gobierno del PP. Será, probablemente, la vicepresidente con más poder e influencia de la era democrática.

"Una última fotografía, por favor", le inquiere la fotógrafa de *Plaza Pública*. Pero ella ya está con su teléfono en mano atendiendo otros asuntos. "Póngase seria", le dice de nuevo la fotógrafa. "No eso no, yo no soy seria. Mi madre siempre me decía que no perdiera la alegría", contesta con una mirada cansada. Por fin, mira a la cámara y explica: "El brillo de mis ojos es herencia de mi madre, que hasta el último día le brillaron (murió en 2010). Tuvo una enfermedad muy dura, degenerativa, se quedó sin poder hablar y nos comunicábamos a través de los ojos. Esperaba a ver los noticieros y veía lo que había hecho en el Congreso. Estaba orgullosa de mí", comenta muy emocionada y sale apresuradamente a su próximo acto.

Esta será su última etapa en la política, en la que podrá escribir un capítulo aparte en la historia democrática, con la lucha contra la corrupción como bandera y la promesa desde la noche del 6 de noviembre de trabajo tesonero para no defraudar a sus electores. Con 49 años cree que es suficiente este próximo cuatrienio como vicepresidente, porque de lo que más ganas tiene es de que sus hijos la conviertan en abuela y disfrutar de su familia.

7.
ALEJANDRO SINIBALDI.
EL QUE MANEJA LA PLATA

Perfil, por Enrique Naveda
28 de julio de 2011

Nos han sentado ahí, en sus oficinas personales, a que esperemos a Alejandro Sinibaldi –viene 45 minutos tarde– y mientras tanto busco algo en la habitación que me revele su personalidad. En el centro de la sala de reuniones hay una mesa grande, ovalada, de madera y vidrio, y una docena de asientos de cuero. Alrededor, apenas nada: un par de banderas, una televisión grande, plana.

Todo rectilíneo, el lugar no resulta humilde pero tampoco suntuoso. Tiene cierta elegancia pesada, plomosa. Salvo por un trofeo dorado de un ciclista en pleno esfuerzo, no hay ningún objeto destacable. Nada como los libros falsos –cajas que remedaban libros, en realidad– que había en el despacho de Otto Pérez hace cuatro años; *Guerra y paz*, algo de Shakespeare. A simple vista, ninguna metáfora.

No se me ocurre que en sí misma toda la sala de reuniones pueda ser la metáfora, como tampoco que lo sea toda la casa (de su propiedad, apartada del resto de asuntos del partido y blanca, no pintada de naranja

como suelen estar las casas patriotas). Y me pregunto
si el trofeo, a todas luces un velocista, lo simboliza o
lo describe de alguna manera: tiene cuarenta años,
una carrera fulgurante en los negocios y en la política,
y una campaña publicitaria tan intensa, tan efervescen-
te, que en menos de dos años lo ha convertido en el
único rival que inquieta a Álvaro Arzú en la contienda
por la alcaldía capitalina.

Rubén Mejía, su jefe de campaña, nos avisa: "Ya
llegó Alejandro".

Sinibaldi entra distendido, simpático y parlanchín,
sin el acartonamiento de sus discursos públicos, sonriente, con el gesto que desde hace años derrite a algunas colegas en el Congreso y con el fulgor que sólo
otro diputado, Christian Boussinot, su amigo del colegio, aspira a igualar. Medio a la carrera, se disculpa
por el retraso, nos saluda a todos como a viejos amigos,
se arrellana en uno de los sillones de cuero, se suelta
los puños de la camisa y nos explica que ha estado
tres horas en un programa en el que ha cocinado una
pasta. (Luego, menos de una hora más tarde, tendrá
que salir corriendo, con la entrevista a medias, a una
actividad en Llano Largo).

—Mire, ¿y eso? —le interrumpo apuntando al ciclista
con la barbilla.

—¿Esto? Ah, esto —sonríe— fue un reconocimiento
por apoyar a la vuelta ciclística.

En la base, en la placa, se lee: "Grupo Emisoras
Unidas / Es tiempo de la Nueva Generación. Por
confiar y ser parte del mejor equipo en transmisiones
deportivas. 51 Vuelta Ciclística a Guatemala". Sinibaldi lo agarra para verlo más de cerca y lo levanta sin
darse cuenta de que está mal pegado y se resbala y
—uy, uy, uy— se revienta contra la mesa, y deja unos

pedacitos, polvillo, esquirlas, sobre el cristal. El diputado los barre con la mano mientras ríe y dice que habrá que repararlo: se pega y como nuevo, sugiere. En ese momento no sé si acaba de terminar con el velocista o con mi metáfora.

O con la imagen que ilustra su pasado: su propaganda (los Q80 millones que sus adversarios le acusan de haber gastado en la campaña y que él cifra en una décima parte) lo ha descrito como un hombre campechano, cercano y vigoroso. En los minutos siguientes me relata una adolescencia de grandes logros atléticos. Después de una infancia pescando, nadando, cazando y correteando por la finca de Mazatenango en la que su padre, Roberto Sinibaldi Fahsen, producía un azúcar que le vendía al ingenio Palo Gordo, a los doce años se trasladó a Guatemala y pronto pasó a formar parte de las selecciones de triatlón y waterpolo del Liceo Javier.

Un comentarista me lo describió así en un correo electrónico: Sinibaldi "es un joven político–empresario que nació a la luz pública y ha crecido de la mano de Otto Pérez. Representa esa nueva generación de políticos en ascenso, que encierran en un solo objetivo las ambiciones políticas y de negocios. En esta campaña ha surgido como un producto de marketing, pues sus ejecutorias de terreno, en el campo del ejecutivo o del legislativo, no han sido tan relevantes".

DOS FORMAS DE VERLO

Hay al menos dos formas en las que la candidatura de Sinibaldi a la alcaldía capitalina son importantes no sólo para él mismo, sino para su partido.

La primera la menciona Mauricio López Bonilla,
el exteniente coronel que trabaja como jefe de campaña
de Otto Pérez Molina: significa una figura "fuerte
que pelea la plaza electoral más importante del país"
y que favorece la impresión de que los patriotas pudieran ser el primer partido en dominar la Presidencia,
la Vicepresidencia y la municipalidad desde 1996,
cuando el Partido de Avanzada Nacional de Arzú lo
consiguió.

La segunda la susurran en el seno de la organización: fue providencial para tenerlo lejos de Roxana
Baldetti y evitar las peleas que en la pasada campaña
derivaron en que dejaran de hablarse. Dos liderazgos
temperamentales, exigentes, competitivos. Dos comandantes que se inclinan por las decisiones rápidas y
que se sienten a disgusto en medio de procesos largos
y reflexivos a los que el general Pérez Molina es más
proclive. Dos individuos, en resumen, que litigaban
por un mismo lugar en la organización: la sucesión,
el trono. Invitado por Christian Ros a participar en
el Partido Patriota desde su fundación, ahora el aspi-
rante a alcalde ocupa el tercer lugar en la jerarquía,
por detrás de los candidatos a presidente y a vicepresidenta.

Si Otto Pérez representa, como lo describen sus
seguidores, "el líder inspirador" (a saber, una figura
casi mítica que anima y guía a la masa de seguidores),
y si Roxana Baldetti constituye "el alma del partido"
(quien aglutina a la organización, quien la conoce y
le da unidad, quien la dirige y tiene el carisma y la
presencia necesaria en el imaginario del votante), el
significado de Alejandro Sinibaldi es bastante más
carnal.

O sanguíneo. Es el que sustenta a la agrupación,

el que canaliza y maneja y se preocupa por los donativos, el que paga las deudas (cuando al finalizar la campaña de 2007 tenían compromisos por Q2 millones, según un asesor patriota, él fue quien logró sufragarlos). Es, como él mismo reconoce, el que maneja el dinero. Y también, aunque veladamente, uno de sus financistas importantes. Desempeña por así decirlo un cargo similar al que sostenía en las elecciones anteriores en la UNE Gustavo Alejos, amigo suyo y de Baldetti.

En realidad quizá más que un subordinado de Roxana Baldetti sea su subalterno. Basta con escudriñar su importancia en el Congreso. Pese a contar con una infrabancada de amigos dentro de la propia bancada patriota, el papel que desempeñó en los últimos cuatro años no fue el más visible y en comparación con el de su jefa de bloque resultó bastante secundario.

Es posible que no haya razones para extrañarse de su inacción. Cuando fue necesario elegir, Sinibaldi y sus allegados prefirieron los puestos ejecutivos a los legislativos. Cuando el Partido Patriota accedió al Gobierno como parte de la Gran Alianza Nacional de Óscar Berger en 2004, Otto Pérez, más interesado en consolidar una bancada fuerte que en tener mandos secundarios, sólo pidió cuatro puestos además de su lugar como comisionado presidencial de Seguridad. Fueron el Instituto Guatemalteco de Turismo, la Dirección General de Migraciones, la Dirección General de Aduanas y la Portuaria. El último cargo fue para Otto Noack, un militar cercano al presidenciable patriota. Los otros tres se los repartieron así: el propio Sinibaldi fue al Inguat, su amigo y compañero de colegio y de bancada Óscar Córdova dirigió Migraciones, y su escudero, Christian Ros, Aduanas. Con la excepción del Inguat, el resto de instituciones han sido consideradas clave para los militares desde el conflicto armado interno. Por estas instituciones se sabe y se decide quiénes y qué ingresa legalmente al territorio nacional.

En su brevísimo paso por el Inguat, Sinibaldi realizó un buen trabajo a ojos del empresariado. En ello coinciden tanto el Comisionado Presidencial de Turismo de aquel tiempo, Willi Kaltschmitt, como el que era director ejecutivo de la Cámara de Turismo, Juan Pablo Nieto, pese a que la relación entre el Gobierno y la Cámara no era excelente. Se celebró el segundo encuentro nacional de turismo en el que se lanzó la política de turismo propuesta por Camtur, se mejoró la conectividad con vuelos internacionales directos a Guatemala (entre otros, Sinibaldi se ha atribuido el mérito de haber traído a Iberia y Kaltschmitt confirmó la gestión), se fortalecieron los centros empresariales de turismo, se superaron las metas de visitas y de recaudación y se cumplieron los objetivos, según el excomisionado, en un 70%. Faltó, según los planes, aprobar la polémica ley de incentivos a la inversión turística (que según el Instituto Centroamericano de Estudios Fiscales, hubiera supuesto una caída en los ingresos del Estado por el cobro de impuestos de Q2 mil 350 millones) y también convertir el Inguat en un ente con representación mixta en el que el sector privado permanece con sus mismos cuadros mientras los funcionarios rotan, débiles y desconocedores, como consecuencia de los cambios de gobierno.

Así funciona también la Junta Monetaria y según varios estudios, por ese sistema entre otras razones, existe un claro desequilibrio de fuerzas favorable al sector privado en la institución pública.

Su trabajo en el Parlamento ha sido bastante más cuestionado. En los últimos cuatro años Sinibaldi ha protagonizado algunos momentos que no lo dejan en buen lugar —algún altercado, alguna salida de tono— y le han granjeado críticas y contracampaña. Por ejemplo, hay acólitos de Arzú divulgando en estos días un video que pretende evidenciar la ignorancia de Sinibaldi en temas de administración pública, aun si el contenido mismo del video es en ocasiones erróneo.

"Porque prefiero ocho años de Arzú a uno solo tuyo"

Sus otros adversarios electorales, los que llegan a los foros, Roberto González y Enrique Godoy, machacan la supuesta debilidad de su desempeño legislativo y opinan que, orgulloso como es, ahí han encontrado un filón para irritarlo.

Basta ver cómo en toda presentación pública cada vez que se refieren a Sinibaldi lo llaman, de manera táctica, "señor diputado". Al principio lograban que se le medio descompusiera el gesto; finalmente, tras dos "señor diputado" de Roberto González, estalló en un foro, declaró que se le estaban levantando falsos sobre su absentismo en el Legislativo (en los últimos tres años, según la dirección legislativa del Congreso, se han celebrado 151 sesiones. Sinibaldi ha faltado a 55) y soltó toda la retahíla de leyes que ha impulsado y las comisiones que ha presidido: fue uno de los varios ponentes de un puñado de iniciativas de ley (diez, si el muy engañoso portal del Congreso registra bien el dato. Entre otras, tres sobre temas eléctricos, dos sobre asuntos petroleros, una para crear un fondo minero y otra para aprobar zonas francas, algunas de ellas, muy polémicas para los defensores del medio ambiente y para quienes buscan unas finanzas estatales sólidas) y encabezó la Comisión de Energía y Minas –en donde detuvo los debates que pedían más controles sobre la industria extractiva– y la de Defensa al Consumidor, una de las residuales en la negociación parlamentaria.

Además, de los cuatro candidatos principales, el patriota es el único que no tiene experiencia en la gestión municipal.

Toda una campaña personalista de imagen lo ha dado a conocer y lo ha situado en altos niveles de aceptación que Godoy y González envidian, pero es una opinión generalizada que no le han insuflado el conocimiento necesario para hacerles frente en un cara a cara. De hecho, la sensación que tiene Rubén Mejía, el jefe de campaña y candidato a concejal primero, es que cada vez que los aspirantes que van rezagados se enfrentan a Sinibaldi buscan desacreditarlo burlándose de él. Una muestra: en Canal Antigua Sinibaldi le respondió a Godoy que si no entendía lo que era "el cambio" se lo podía dibujar más tarde cuando se encontraran en la calle. Desde entonces Godoy lleva consigo una caja de crayones para cuando se presente la oportunidad.

Godoy mismo relata, en una versión no confirmada por Sinibaldi, que hace cerca de dos meses se encontraron en Los Ranchos de la zona 10. El patriota se le acercó y le dijo con un aire de complicidad:

–¿Cuándo vas a empezar a darle riata a Arzú? Ya nos urge.

–Mirá –le respondió–, yo ya voy a empezar a echar riata. Pero va a ser a vos.

Sinibaldi reaccionó con sorpresa:

–¿Y por qué?

–Porque prefiero ocho años de Arzú –contestó Godoy– a uno solo tuyo.

Hasta el foro celebrado un día antes de esta entrevista, la idea que había dejado Alejandro Sinibaldi tanto entre los expertos como en el seno del partido y en su propio comando de campaña era la de un candidato que en el campo de las ideas no tenía mucho que ofrecer, ni forma de contestar a unos adversarios más conocedores que él.

En una contienda urbana en la que las propuestas son en general más sólidas e integrales que las de los candidatos a la presidencia, Sinibaldi se ha defendido con dificultad en las entrevistas que lo cuestionaban, pero sobre todo ha destacado por su errabundia, por sus contradicciones, y por sus insólitas promesas de implantar novedades que ya existen o que, en caso contrario, tienen un costo altísimo.

En su discurso, más que cambio, se percibían todos los vicios de la gestión municipal, pero exacerbados. En sus promesas, una forma extraña de jerarquizar: todo –la basura, el transporte, la delincuencia, el agua–, todo eran prioridades. Pero también una intrépida, voraz, necesidad de construir obras de infraestructura, sobre todo carreteras, de hacerle un segundo piso a todo.

Empeñado en vender la idea del cambio, como insinuaron sus contrincantes parecía que en realidad lo que él significa es "lo mismo, pero más": más transmetro, más luz, más cámaras, más carreteras; y también más prepotencia.

En eso, en engreimiento, muchos no han dejado pasar la oportunidad de compararlo con Arzú. Por su tono, por sus reacciones. Lo dicen los medios de comunicación, pero también gente que ha trabajado con él y quienes lo conocieron en el Liceo Javier.

Por ejemplo, entre los últimos, el académico Carlos Mendoza y el periodista Andrés Zepeda ("Zepeda es mi amigo", dijo Sinibaldi en la entrevista). Según ellos, esa actitud, la de superioridad, dominio, apabullamiento, es añeja en el diputado.

Mendoza lo recuerda como uno "de los prepotentes o 'brinconcitos' pero no tanto como Canela, Roberto González Díaz-Durán. Este último sí era incluso algo maníaco violento, al punto que aterrorizaba a los niños". Ambos "mostraban muy bien el comportamiento del macho alfa". Sinibaldi se excusa con sencillez: "Era un colegio de hombres".

Zepeda va un poco más allá. "Lo único que me atrevería a declarar a título personal acerca de él es que su carácter altanero, su untuosa pose y su vocación por la *mano dura* no son nada nuevo. Lo demás sería injusto atribuírselo sólo a él, porque cabría extenderlo en realidad a casi todos los demás candidatos: escasa preparación, demagogia discursiva, proselitismo barato (y a la vez muy caro), oportunismo, ambición, megalomanía, etcétera".

Un equipo para las cuestiones técnicas

La escasa preparación que Zepeda atribuye a casi todos los candidatos la reconocen en el patriota en el caso de Sinibaldi. "No es un doctor en asuntos municipales", me dice uno de los asesores más importantes.

"Pero tiene un buen equipo que, como el de Arzú, es muy capaz de hacerse cargo de las cuestiones técnicas."

–¿Quiénes lo conforman?

–Douglas González, un importante politólogo con buen trabajo con la cooperación internacional, y... eh... eh... –piensa quince segundos–. La verdad es que no me acuerdo. Ah, también Rubén Mejía.

En realidad, en buena medida Sinibaldi está rodeado por gente que trabajó para la candidatura de Jorge Briz en el año 2003, un excanciller que no hablaba inglés ni sabía de diplomacia. Rubén Mejía, un político joven que es diputado y fue el segundo de Eduardo Castillo en el ministerio de Comunicaciones; Guillermo Sosa, un exeferregista, exdirector de aeronáutica civil y sobrino de Ríos Montt; Douglas González, concejal y gerente de la Gremial de Minas, Canteras y Procesadoras de la Cámara de Industria de Guatemala; Juan Alcázar, un diputado y empresario de medios de comunicación; el abogado e hijo de Anabella de León, Carlos Alberto Rodas; y Christian Ros, el diputado y su amigo leal desde la adolescencia.

Entre todas las recriminaciones que se le han hecho a Sinibaldi, nadie le ha mencionado, no obstante, ciertas imprecisiones o falsedades que ha emitido al calor de la discusión. Por ejemplo, cuando el periodista José Eduardo Valdizán le preguntó por sus méritos académicos, Sinibaldi le respondió de inicio: "Soy administrador de empresas graduado de la Landívar".

Le hice la misma pregunta. (Sabía que Sinibaldi ha sido un alumno inconstante. En el Liceo Javier alternaba –"un poco por rebeldía"– buenas y malas notas.) Me contestó que era administrador de empresas, que había estudiado en la Universidad Rafael Landívar y que tiene especializaciones –"cursos", co-

rrigió de inmediato– de finanzas en Berkeley, de
marketing en Harvard, y un curso de dos meses en
el Incae.

Cuando terminó, le dije que me constaba que comenzó ingeniería y no la terminó, y que tampoco se
graduó como administrador de empresas. Reconoció
que es cierto y adujo que por eso en sus currículos
oficiales se declara que tiene "estudios" de administración, pero que ante la "presionadera" que le tenía
Valdizán, podría haber dicho cualquier cosa, de forma
inconsciente.

Campaña, negocios y
medios de comunicación

El error no era, sin embargo, el de alguien inexperto
y nervioso ante un micrófono. En los últimos dos
años Sinibaldi ha vivido pegado a ellos. Su relación
con los medios de comunicación ha sido fluida, y
además de entrevistas y foros, ha tenido su propio
programa, *Hablando con Alejandro Sinibaldi*, en Canal
Antigua, Guatevisión, Vea canal, y TV Azteca.

Su inversión en publicidad, con gran probabilidad
la más grande en la historia de las elecciones municipales ("¿y eso qué tiene de malo?", ha replicado Sinibaldi
en la televisión), la ha justificado el candidato como
un asunto de aversión al suicidio: ha repetido que
habría resultado irresponsable enfrentarse a alguien
con el caudal electoral de Arzú sin el apoyo de una
campaña pantagruélica. Y ha asegurado que está fi-
nanciada por él y sus amigos y que su campaña es más
barata porque le sale a precio de costo.

Sinibaldi es propietario, junto con su hermano

Rodrigo, de Impresos Urbanos, que elabora todo tipo
de pancartas e impresos publicitarios. Además, en la
última década, ha sido socio capitalista del diputado
Christian Ros en la empresa Imágenes Urbanas (Astel
Guatemala Sociedad Anónima), que comenzó alqui-
lando mupis en la zona viva y se expandió al resto de
la capital con vallas y gigantografías.

La historia reciente de Imágenes Urbanas, que es
la principal financista declarada del Partido Patriota
ante el TSE, con Q400 mil hasta mayo, tiene ciertos
puntos por esclarecer. Los suspicaces aseguraban que
el Grupo Emisoras Unidas la había comprado y que
el conglomerado mediático estaba apoyando a la agrupación política.

La explicación, en la que coinciden tanto Sinibaldi
como Rolando Archila, gerente general del grupo, es
que Emisoras Unidas adquirió una parte de la empresa (sus bienes, no sus deudas) y con ello creó en 2009
otra compañía que se llama Grupo Imágenes Urbanas.
El pacto fue que el Grupo Emisoras Unidas pagaría
parte en metálico y parte en especie: concedería espa-
cios en mupis y vallas.

La situación, ahora, es ésta: Imágenes Urbanas,
la que representa Ros, sigue funcionando, pero es
apenas un cascarón que se dedica sobre todo a reven-
der el trabajo de Impresos Urbanos, en palabras de
Sinibaldi. Grupo Imágenes Urbanas, la de los Archila,
también funciona, pero por otro lado. Son empresas
legalmente distintas. En Guatecompras, efectivamen-
te tienen distinta razón social, distinto NIT y distinta
dirección.

Sin embargo, según ese sitio web, dos años después
de la compraventa, Grupo Imágenes Urbanas, de los
Archila, e Impresos Urbanos, de los hermanos Sinibal-

di, comparten todavía la misma sede, pese a que la
segunda actualizó sus datos a finales de 2010: 5ª
avenida 3-55 zona 9.

Rolando Archila expresa que se debe a que en sus
inicios compartieron local, pero ahora que ya se trasladaron es la suya la que tiene pendiente el trámite
para cambiar su sede.

DERECHO DE LLAVE,
UN TREMENDO *PLUS*

Sinibaldi es, de cualquier manera, un tipo con dinero
y con éxito en sus empresas. Agresivo en los negocios.
Cabal y cumplidor, según los entrevistados que lo han
tratado en ese ámbito.

Un hombre, además, bien conectado por la vía
familiar, la propia y la de su esposa: Sinibaldi, Aparicio,
Saravia. Todos ellos apellidos del núcleo de la élite
guatemalteca, según la investigación de Marta Casaús,
que hoy lo vinculan a bancos, productores de cerveza
y otra serie de negocios monumentales.

Y una persona muy conocida en el sector privado.

"Lo cual es un tremendo plus", me asegura Mauricio López Bonilla, el jefe de campaña patriota,
mientras se prepara para una explicación que le da la
vuelta a la lógica habitual de las relaciones entre los
funcionarios y el empresariado: "A muchos les gusta
pensar si eso es bueno o malo. Yo lo veo con realismo.
Es un interlocutor válido. Hay vasos comunicantes
entre él y el sector privado que le dan derecho de llave
y le permiten moverse en un dominio de poder que
le otorga una mayor capacidad de maniobra."

Hoy ganadero, cafetalero, publicista, en su primer

trabajo en la empresa International Bonded Courier, del lobista Luis Rubio, Sinibaldi pasó rápidamente de vendedor a medio tiempo a supervisor y luego a director de mercadeo. Rubio lo recuerda así: "los ejecutivos gringos lo querían mucho porque tuvo a la estación de Guatemala como número 1 de ventas de Centroamérica y capacitó a la mayoría de directores de ventas y mercadeo de la región. Además, formó el Club de amigas de IBC. Tenía afiliadas como unas cinco mil".

La abandonó a los 23 años para fundar Arqco, la primera de un conjunto de sociedades (subcontratación de servicios de limpieza, de gestión, exterminación de plagas, expertos en química) que bajo el nombre Sincorpha creó con sus hermanos y ha expandido por Centroamérica y México. En dieciocho años ha logrado que lo contraten para limpiar casi todos los centros comerciales de la región, y en esta firma ha congregado, según sus propios cálculos, alrededor de 14 mil empleados (6 mil en Guatemala dice su página web), y un equipo gerencial de tanta confianza que le ha permitido olvidarse del día a día y asistir sólo a las juntas directivas.

A Sinibaldi lo describen como un buen gestor, exigente, con metas bien concebidas. Pese a ello, en todo este tiempo su trayectoria empresarial no ha estado exenta de alguna polémica de la que el diputado busca desmarcarse.

La más notoria tiene que ver con las supuestas estafas, descritas por *El Periódico* en 2010, de la empresa Vacaciones Centroamericanas, SA (o Vacation Club of America, la propietaria de Amatique Bay y del Hotel Viva Clarion Suites).

—¿Qué relación tenía usted con esa empresa? —le pregunto.

—Mire, a mí se me ha querido meter. Pero todo lo han generado, nada es cierto.

—Pero *El Periódico* publicó que usted fue presidente de la empresa.

—No, mire. Yo era sólo asesor.

—¿Y por qué hay dos demandas penales en el Organismo Judicial en su contra por estafa por este caso?

—Bueno, eso es parte de todo. Eran demandas que no tenían peso porque nunca fui representante legal y por lo tanto entiendo que quedaron desestimadas.

—¿Y no es socia del negocio su familia política? Los Saravia.

—No, mire, son otros Saravia. Mi esposa es de otra rama. Está emparentada con los de la cervecería. Además, VCA es parte de otra empresa más grande, Desarrollos... —no recuerda el nombre. Es Desarrollos Hoteleros—. Pero ahí el que está metido es Gustavo Saravia, el suegro de Rodolfo Neutze, el de Creo —Rodolfo Neutze, concejal de la municipalidad y vinculado al negocio bancario es el secretario general de Compromiso Renovación y Orden, el partido que postula a Roberto González Díaz-Durán.

¿Era posible que fuera sólo asesor en aquel tiempo? Fui al registro mercantil y pedí que me mostraran a quién ha representado legalmente Alejandro Jorge Sinibaldi Aparicio.

Imagen Corporativa. Hacienda Agua Negra. Constructora del Puerto. Nada.

Pregunté por los representantes de Desarrollos Hoteleros. No figuraba.

Pedí el desplegado de los de Vacaciones Centroamericanas. Tampoco. Constaban sólo dos o tres. La fecha de la creación de la empresa era 2007.

—¿Sólo esos tienen? —le pregunté a quien me atendía—. En realidad la empresa lleva funcionando cerca de quince años.

—Sólo estos. Según el registro, la compañía se creó en 2007.

Es raro, porque las demandas existen desde principios de siglo, y no es difícil encontrar en Facebook gente que se siente estafada desde aquellos tiempos. También es raro porque en una entrevista que publicó un medio salvadoreño en 2003, un joven Alejandro Sinibaldi ejercía funciones de representación y defensa de la compañía y, a tenor del cargo que le otorgaba la periodista, se presentaba como presidente ("Somos una compañía seria", declaraba).

También es raro porque aparte de ese cargo, no hay ningún otro que justifique esta línea de su currículum: "el año 2001 al 2003 fue Director de la Fundación de Hoteleros".

¿EPÍLOGO O PRÓLOGO?

En poco tiempo Sinibaldi ha multiplicado su presencia y ha posicionado su imagen entre los votantes y no son pocos los que creen que lejos de ser un velocista que se ha puesto como meta la municipalidad, sus ojos miran más bien hacia el próximo gobierno. Le pregunté a miembros del Patriota cuál sería su cargo de no ganar la alcaldía. ¿Ministro de Comunicaciones? ¿Secretario Privado?

—Usted los menciona —me dice uno con complicidad.

—¿Y de esos cuál es más probable? —Y él, entre líneas:

–Él es muy cercano a Otto.

Si todo esto es cierto, si sus ambiciones están más en la próxima campaña que en ésta, lo de ahora no habría sido más que un sprint para ganar notoriedad, y por eso no importaría un pinchazo. No nos confirma que así sea, pero tampoco lo desmiente. De hecho, hace un rato le pregunté por qué en su biografía oficial menciona que dos presidentes de Guatemala, Justo Rufino Barrios y Alejandro M. Sinibaldi, son antepasados suyos. ¿Acaso se siente parte de una estirpe de mandatarios?

No es eso exactamente, me responde sin convicción. No todo el mundo tiene el privilegio de tener esos antepasados.

Lo pienso y hago, a modo de juego, un cálculo impreciso. Han pasado 176 años desde que nació Justo Rufino Barrios (lo había mirado antes en la computadora). No sé cuántos hijos tuvo y eso dificulta el asunto, pero avanzo una conjetura conservadora: una generación se renueva cada cuarto de siglo y supongamos tres vástagos por generación. 2,187. Dos mil ciento ochenta y siete descendientes de Justo Rufino Barrios o de Alejandro M. Sinibaldi al día de hoy. No son tantos, pienso, pero quizá sí demasiados para considerarlo un distintivo personal.

8.
MANUEL BALDIZÓN,
EL BERLUSCONI DE PETÉN

*Perfil, por Luis Ángel Sas y
Martín Rodríguez Pellecer*
7 de septiembre de 2011

A Manuel Baldizón se le puede encontrar casi en cualquier parte en Petén, omnipresente. En el bulevar de cuatro carriles que lleva al aeropuerto; en los medios; en el nuevo centro cultural y deportivo del pueblo; en la estación de bomberos departamentales y, por si no fuera suficiente, en la estatua que lo refleja como un caudillo arropado por ancianos. Todo está bautizado con su nombre.

"Baldizón, un rico abogado del norteño departamento de Petén, salió a luz por medio del clientelismo político financiado por la fortuna de su familia. Hay muy poca sustancia en su ideología", dice la embajada estadounidense en un cable filtrado por WikiLeaks.

Pero el omnipresente Baldizón también es terrenal y tiene denuncias en su contra en la fiscalía y la Procuraduría de Derechos Humanos por la apropiación de unos terrenos a la orilla del lago Petén Itzá y por las amenazas e intimidación contra un grupo de estudiantes universitarios que denunciaron ese abuso. Los

estudiantes fueron encarcelados, aseguran, por las
conexiones políticas y judiciales de Baldizón. Después
de todo, es el político y empresario más poderoso de
Petén, el más conocido y quizás el más odiado.

Para el resto del país es el candidato que se encuentra en el segundo lugar de las encuestas, casi por
carambola con la salida de Sandra Torres y la suspensión temporal de Harold Caballeros, y sólo detrás de
Otto Pérez Molina en la disputa por la Presidencia de
la República.

Baldizón es el polisémico por antonomasia. Baldizón es para muchos de los usuarios guatemaltecos
de redes sociales un bufón o el ególatra de la campaña.
Baldizón es en el Congreso el hábil diputado que, a
decir de la Embajada de Estados Unidos, conformó
a fuerza de sobornos la segunda bancada con más
diputados y la convirtió en un freno de mano con el
que obligó a negociar a quien intentara aprobar una
ley. Baldizón es el que manda en los medios de comunicación en Petén e influye con éxito en varios de los
principales medios en la capital. Baldizón es para los
politólogos el populista de propuestas irrealizables y
vacías. Baldizón es para sus seguidores el mesías que
se preocupa por el pueblo.

Manuel Baldizón es para Manuel Baldizón (casi
siempre habla de él mismo en tercera persona) el doctor en derecho, el hijo distinguido de Petén y quien
impulsó el programa para el adulto mayor. Y en la
parte más aspiracional se ve a sí mismo como quien
puede gobernar y retomar el control de un país siempre al borde la ingobernabilidad; quien puede ayudar
a clasificar a Guatemala a un mundial de fútbol y quien
puede aplicar la pena de muerte a más de 20 conde-
nados en los primeros dos meses de su gobierno.

Es el rey de la tarima y disfruta dando discursos. Puede ser intenso, sacudirse como perro mojado, presentarse con los brazos en alto enseñando la Biblia y la Constitución, y, mientras grita y hace pausas, en un minuto se puede reflejar en sí mismo la imagen de Hitler y en otro minuto la de Gandhi. Manuel Baldizón es esto y más.

"YO LLEVÉ A BALDIZÓN A LA POLÍTICA"

Baldizón entró a la política a través de los escombros del Partido de Avanzada Nacional (PAN) cuando los afiliados y los líderes seguían el camino marcado por Álvaro Arzú y Óscar Berger, quienes abandonaron el partido en 2000 y 2003. Leonel López Rodas, que se quedó con el PAN en 2003, le dio la representación a Julián Tesucún, el alcalde de San José Petén, mítico por su exitoso trabajo y su relación con la familia Mendoza. Tesucún lo pensó y decidió dar su lugar a un joven empresario de 32 años que no tenía experiencia pero sí voluntad y recursos.

—Leonel, hay un empresario joven que quiere ser diputado.

—¿Y vos lo conoces?

—Se llama Manuel Baldizón. No tiene experiencia pero tiene dinero y la voluntad.

—Bueno, ¿estás seguro de que le vas a dar tu lugar? Porque el lugar es tuyo, vos te lo ganaste.

—Sí Leonel, yo le doy mi lugar.

Todo se cerró en una cena en la casa de López Rodas en la zona 14. Así, con muchos recursos invertidos en la campaña, Baldizón se convirtió en diputado

de Petén por el PAN en el 2003 y empezó a construir
el camino para lo que en verdad llegó a la política: la
Presidencia.

BALDIZÓN Y SUS CORBATAS

¿Cuál es el mayor defecto de Manuel Baldizón?

–Mmm... creo, podría ser, que no perdona las
traiciones. Él es muy leal y muere con uno –responde
el jefe de bancada del partido Lider, Roberto Villate.

–Sólo vea los colores de su corbata y se dará cuenta
si es cierto –advierte un exdiputado del PAN. Amarillo
cuando fue del PAN, de colores cuando estaba por
dejarlo, verde cuando fue de la UNE, de colores cuando
era el rebelde del oficialismo y ahora obliga a sus correligionarios a usar la roja de Lider.

Pese a su nomadismo, supo ganarse el apoyo de
sus líderes, los líderes de los partidos en los que él
militó. En las negociaciones parlamentarias de 2004,
López Rodas lo colocó como representante del PAN
en la Junta Directiva. Y en el PAN encontraría a una
de sus bestias negras, el polémico y experimentado
Mario Taracena, quien pidió que lo echaran del pa-
nismo. "Nunca ha sido un hombre leal. Siempre nego-
ciaba mañosadas por la espalda", recuerda el diputado.

En 2006 negoció su traslado a la UNE tocando la
puerta de Gloria Torres, otrora poderosa *operadora*,
intermediaria entre el poder nacional y el poder local
en la UNE y defenestrada después de defender a un
acusado de narcotraficante en diciembre de 2010. El
entonces panista Baldizón prometió muchos fondos
y vitalidad en el norte del país si lo acogían en la UNE
y fue premiado en 2007 con la presidencia de la Co-

misión de Finanzas del Congreso y el tercer lugar en
el Listado Nacional de la UNE, sólo detrás de Eduardo
Meyer y César Fajardo, fundadores del partido.

En el 2007 Baldizón negoció la comisión de Finanzas. Economistas, burócratas y un exministro de
Finanzas lo recuerdan como uno de los peores Presupuestos Nacionales de los últimos años, por el uso
clientelar que dio a los fondos públicos y el irrespeto
a los criterios técnicos, relegados a un segundo plano
detrás de organizaciones no gubernamentales que
estaban relacionadas en ocasiones con él mismo, como la Asociación Dulce Refugio, denunciada después
por el vicepresidente Rafael Espada.

Según el cable 08GUATEMALA150 filtrado por
WikiLeaks, en una conversación del 11 de febrero de
2008 con el embajador estadounidense James Derham,
Baldizón reconoció haber "usado su presidencia de
la Comisión de Finanzas (en 2007) para asignar fondos
para los distritos de algunos diputados y así ganarse
su lealtad".

A Emisoras Unidas, Baldizón le respondió que
el embajador entendió mal lo que le dijo, pues él simplemente se dedicó a apoyar a comunidades.

Aquel año, con mayor fuerza, había regresado al
pleno del Congreso para afrontar su segundo mandato
como diputado. Esta vez, como miembro de la UNE,
que le otorgó de nuevo la presidencia de la Comisión
de Finanzas, pero le puso en frente a su odiado Mario
Taracena, primer jefe de bancada de la UNE en 2008
y exjefe de bancada en el PAN, y con quien comparten
una única curiosidad: ambos nacieron un 6 de mayo.

Desde inicios de aquella legislatura, Baldizón le
dejó claro al presidente Álvaro Colom que su lealtad
se había acabado: sería la oposición dentro del oficia-

lismo, representaba no a la UNE sino a su "Movimiento Social Humano" y tendría que negociar con él y los suyos cada voto en el Congreso.

Baldizón incluso llegó a boicotear la propuesta del Presupuesto Nacional para el año 2009 enviada por el Gobierno, realizó cambios a la iniciativa y evitaba dar información al Ministerio de Finanzas. Y no se quedó ahí. Dio el paso que nadie se atrevía a dar en público dentro del Ejecutivo: confrontó a Sandra Torres cuando solicitó una ampliación presupuestaria para obtener más recursos para el programa Mi Familia Progresa.

Baldizón modificó la propuesta que envió el presidente e hizo todo lo contrario de lo que le pedían; redujo en su dictamen de la Comisión de Finanzas casi Q1 mil millones el presupuesto para el programa estrella de Torres al mismo tiempo que aumentaba en Q908 millones el presupuesto para el Ministerio de Comunicaciones y otorgaba Q505 millones más para Fonapaz (que es una oficina caracterizada por el clientelismo político) y Q210 millones más para aportes de ONG y consejos de desarrollo.

Además, modificó el Listado Geográfico de Obras para el 2009, de unos Q1 mil 263 millones, con incrementos para Petén. No cumplió la promesa que le hizo al presidente Colom de respetar los criterios técnicos de Finanzas y Segeplan. En resumen, cambió el apoyo de programas sociales para reducir la pobreza por obras para que se lucieran los diputados. Con ello, había fraguado una estrategia contraria a lo que pregona hoy en campaña: que aumentará y mejorará los programas sociales.

En su libro *Rendición de cuentas*, Juan Alberto Fuentes Knight, exministro de Finanzas durante los pri-

meros dos años del gobierno de Colom, reafirmó estos
señalamientos sobre Baldizón. "Fue una movida que
era parte de esa simbiosis de intereses económicos y
políticos que existía en el caso de numerosos miembros
del Congreso. Q1 mil 400 millones fueron asignados
para estas obras", expresa Fuentes. Esto a pesar de
que aseguró al presidente Colom que "haría todo lo
posible por respetar el Listado Geográfico de Obras".

Fuentes Knight recuerda también que Baldizón
le chantajeó en un viaje a Washington para la Comisión
de Finanzas del Congreso para buscar aprobar una
reforma fiscal. "Lo hizo con el estilo entre amigable
y amenazante que lo caracteriza", recuerda Fuentes.
En otra reunión con el entonces ministro, Baldizón
escribió sobre una mesa los montos que costarían los
votos de cada diputado. Entre Q1 millón y Q3 millones,
que Baldizón no especificó si podían ser en obras
para sus distritos o en beneficios directos para cada
diputado.

Con esta *performance* se ganó el fin de su aventura
en la UNE. Y en diciembre del 2008, Baldizón recibió
su regalo de Navidad el día 26: fue expulsado del oficialismo. No hizo nada por defenderse. Ya no le interesaba. Ni protestó. A cambio se llevó a diez diputados de la UNE para formar la bancada Libertad Democrática Renovada, que se resume casualmente en
las siglas con las que le gusta que se refieran a él sus
correligionarios y los asistentes a sus mítines: Lider.

La embajada de Estados Unidos asegura en otra
comunicación con Washington, la número 09GUATE-
MALA969 del 9 de noviembre del 2009, que "en
diciembre de 2008, Manuel Baldizón y otros nueve
diputados de la UNE dejaron el oficialismo cuando
Baldizón se dio cuenta de que Sandra Torres (y no él)

sería la candidata presidencial en 2011. La bancada
Lider, de Baldizón, ha crecido hasta 24 diputados,
gracias a la oferta no anunciada pero ampliamente
conocida de US$61,000 (casi Q500,000) para cada
diputado que se sumara a su bloque", relató McFarland.

Villate, jefe de bloque, niega la acusación: "¿En
cuántos idiomas se lo tengo que decir? No, not, jamás,
never, nunca. Nos fuimos de la UNE porque quisimos
y porque nos iban a humillar en el Tribunal de Honor,
nos fuimos de gratis". Jorge Méndez Herbruger, expresidente del Congreso en tiempos de Óscar Berger y
una de las últimas adquisiciones políticas de Lider,
también negó que su paso a la segunda bancada más
grande del Congreso haya tenido que ver con dinero.

"Nos dijeron traidores pero nosotros preferíamos
los once apóstoles", dice Villate. Está claro para ellos
quién era "un Jesús". No es la opinión de todos. Un
alcalde petenero de la UNE, Marvin Cruz, no tiene
dudas que se trata de un Judas en un video de su perfil
en Facebook.

TRAICIONES EN LIDER

En un partido político construido en dos años pueden
colarse malas compañías, o pueden ser el centro de
la estructura. La peor acusación durante esta periodo
electoral se la han ganado candidatos de Lider.

Manuel Baldizón lanzó su campaña el 1 de mayo
en San José Pinula, junto a un alcalde que tenía posibilidades de ganar. "Hoy será recordado como el
día en que iniciamos una campaña, un llamado a unir-
nos por Guatemala y por nuestra familia", dijo el
candidato antes de estrechar la mano de Luis Marro-

quín. Cuando dos meses después, el candidato a alcalde
era capturado por el asesinato de dos de sus contrincantes, Baldizón juró desconocerlo y se exoneró diciendo que nunca había sido inscrito como candidato
de su partido porque estaba afiliado a otra agrupación.

Villate, quien ejerce las funciones de vocero de
Lider ante la imposibilidad de obtener una entrevista
con Baldizón, también lo exonera de este señalamien-
to. "El responsable (de escoger a Luis Marroquín)
fue otro miembro del partido (Leonardo Camey). Él
confía en nosotros y cada quien tiene que hacerse
responsable de sus decisiones", aclara el diputado con
un aire reverencial hacia el Lider.

—Dicen que Manuel Baldizón no perdona las traiciones porque él es leal —se le pone sobre la mesa a
otro diputado que fue miembro de la bancada.

—Pues si él no perdona las traiciones yo no perdono
que me falten a la palabra —dice el diputado por Quet-
zaltenango Hugo Hemmerling, quien estuvo bajo las
órdenes de Baldizón y ahora es parte del Partido Patriota. Según el diputado, Baldizón ya le había dado
su palabra que iría en la primera casilla por ese departamento en las elecciones del 11 de septiembre.
Hemmerling decidió que no competiría él sino su hijo
de 23 años. Y cuando Baldizón se enteró le dio su
apoyo a alguien más. "Ya lo habíamos hablado y falló,
me falló", dice el exliderista.

El meteórico político que ahora se encuentra con
un pie en la segunda vuelta sigue siendo un misterio
para la opinión pública. Él se presenta como un empresario exitoso, un académico laureado y un hombre
de familia. En su currículo asegura haberse graduado
de abogado en 2000 y haber realizado en tres años
dos maestrías de dos años en Chile y un año más tarde

un doctorado en Derecho en la Usac, en un tiempo récord para posgrados. Además, obtuvo un doctorado honoris causa por la Bircham International University, que los entrega a cambio de dos cartas de recomendación, un CV y una donación.

Todo esto mientras estaba en campaña electoral y trabajaba como diputado al Congreso; de hecho, uno de los más productivos en la elaboración de iniciativas de ley. Logró que se aprobara una de las más importantes de la legislatura: la que otorga una pensión a los adultos mayores sin cobertura social.

La embajada estadounidense, con acceso privilegiado a información política en el país, lo describió según el cable 08GUATEMALA1573 del 22 de diciembre de 2008 de la siguiente manera:

"Baldizón, un rico abogado de 38 años del norteño departamento de Petén, salió a luz por medio del clientelismo político financiado por la fortuna de su familia, relacionada a la cerveza (importó Tecate y Carta Blanca y para introducirlas las vendió/regaló a Q1). Aunque se describe como de centro-izquierda, hay muy poca sustancia en su ideología. Ha recibido una cobertura favorable por parte de los medios gracias a su firme apoyo al magnate mediático Ángel González".

Baldizón, eso sí, no llegó a la política para pasar desapercibido. Para la élite empresarial, es un arribista cuya fortuna tiene un origen poco claro. De hecho, entre sus financistas declarados al TSE –que calcula que ha gastado por lo menos Q40 millones– aparecen sus parientes, diputados de su bancada y casi todas sus empresas personales o familiares.

En el tema del fútbol es, cuando menos, exagerado, o, cuando más, mentiroso. Tras el partido contra la desnutrición organizado por los clubes Rotarios entre

presidenciables y periodistas, un reportero le preguntó
que sentía de haber jugado junto a Memín Funes y
Juan Carlos Plata. Respondió que feliz porque eran
sus ídolos desde niño. Una aseveración lejana de la
verdad porque Funes nació en 1966 y Plata en 1971,
el mismo año en que lo hizo Baldizón.

Según la vicepresidenciable del PP, Roxana Baldetti,
Baldizón es "un charlatán y un criminal", según el
cable 10GUATEMALA49 del 22 de febrero de 2010.

El longevo político Mario Taracena, que inició
en estos avatares en los años ochenta y se ha convertido en uno de los pocos políticos que lo encara, pinta
el peor panorama: "Le puse el Smiley (como el pandillero acusado de extorsionar a toda la ciudad) porque
es un marero con tacuche que extorsiona al Gobierno
con obras y sobornos. Además, le sudan las manos
siempre... En todos mis años en la política, es el político más sucio y corrupto que he conocido. Superó a
su tío Obdulio Chinchilla. Baldizón no tiene principios, es un traidor y lo único que une a su bancada es
el dinero", aseveró Taracena, quien cree que su fortuna
se debe en parte al lavado de dinero por medio de la
venta de cerveza y de las empresas de transporte.

Su habilidad y astucia política, sin embargo, no
la pone nadie en tela de duda. Logró entablar una
amistad con Gustavo Alejos, secretario privado de la
Presidencia de Álvaro Colom, quien también es su
vecino, según el libro de Fuentes Knight. Ha medido
fuerzas con el magnate del monopolio televisivo Ángel
González e incluso con las telefónicas, cuando logró
la aprobación de una tibia ley contra el robo de celulares.

Además, ha logrado llevar a su partido a personajes
políticos con prestigio, como la feminista y exprimera
dama democristiana Raquel Blandón para vicepresi-

dente; o experiencia, como Jorge Méndez Herbruger,
expresidente del Congreso; el abogado y empresario
de derechas Ricardo Sagastume; o el exalcalde y exfuncionario bergeísta Edgar Ajcip.

Ajcip, que antes de estar en Lider estuvo en la
Gana de Berger y se acercó al Patriota y al partido
Creo, dice admirar lo consecuente que es Baldizón.
"Conocí a Manuel siendo diputado y me llamó la
atención su proyección hacia el tema social y los adultos
mayores, y cómo siendo tan joven logró tanta proyección y construir un partido que represente a tantos
sectores del país. El 65% de candidatos son indígenas
y somos indígenas los que lideramos los tres listados
más importantes, el Nacional, el de Guatemala y el
de la Capital. Más que decir y hablar, él sí es consecuente".

Ajcip lo diferencia de Otto Pérez Molina. "En el
PP hablan (sobre el pueblo), pero representan otros
intereses. Y estuve dentro de ese partido. En el partido
(Lider), los que tomamos las decisiones somos quienes estamos dentro y damos la cara", asevera.

Cuestionado sobre las acusaciones en contra de
Baldizón, Ajcip responde que son normales por tratar-
se de un político con liderazgo y posibilidades de
ganar las elecciones. "Manuel no es un dictador ni
nada de lo que se dice de él. Es alguien abierto al diálogo y desde que yo ingresé en mayo (hace seis meses)
al partido Lider, no he visto nada de lo que lo acusan",
afirma.

"Es el Berlusconi de Petén"

En Petén le tienen más respeto o temor que sus rivales en el Congreso de la República. Baldizón y su familia poseen negocios diseminados por Flores y San Benito. Según la investigación "Grupos de Poder en Petén: Territorios, política y negocios", publicada por InsightCrime.org en julio de 2011, disfruta de negocios en hoteles, restaurantes, centros de servicios mecánicos, distribuidora de bebidas, empresas de transporte terrestres y aéreos, constructoras, centros comerciales, hospitales y medios de comunicación.

La misma investigación lo sitúa como una familia descendiente de libaneses que radicaron en México primero y después en Guatemala. Asegura el estudio publicado por InsightCrime que la familia de Baldizón logró parte de su fortuna con el tráfico de piezas arqueológicas, aunque no presenta evidencias. "Algunas personas todavía recuerdan cuando se organizaban grupos de saqueo de tumbas de los mayas de la antigüedad. La ganancia para los saqueadores no era mucha pero las piezas eran vendidas a coleccionistas en la ciudad de Guatemala y en el extranjero por grandes sumas de dinero", dice el informe, que señala que la familia de Baldizón pagaba con víveres.

Esa investigación también insinúa su relación con grupos de narcotraficantes y con grandes empresas de extracción de petróleo por las que Baldizón ha mediado en el Congreso. No hay ningún vínculo demostrado con ningún cártel y sí un gran cabildeo para evitar que se renegociara la concesión a Perenco para darle mayores beneficios al Estado.

Algo similar hizo Berlusconi en Italia con sus relaciones petroleras con la excolonia romana de Libia. En vez de aumentar las regalías, como ofreció en el foro de Canal 3 y CNN, Baldizón consiguió que se creara el Fonpetrol para repartir las relativamente bajas utilidades que deja Perenco entre los 12 municipios de Petén, que manejan muchos de sus negocios con nula transparencia.

En la actualidad hay dos casos dónde acusan a Baldizón de tomar terrenos municipales a la orilla del lago Petén Itzá: uno desde el 2001 y otro que ocurrió en abril pasado.

El del 2001 fue publicado en *Prensa Libre* en 2008, cuando ese medio conservador tenía menos cercanía con el político petenero. Según esta investigación periodística, Baldizón adquirió un terreno a la orilla del lago Petén Itzá, frente a la isla de Flores, a un precio de Q14,400 por medio de una empresa suya, Balvar, S.A., que después lo vendió a una secretaria suya y después a uno de sus guardaespaldas. El monto real alcanzaba los Q5 millones.

En el 2008 la Asociación de Estudiantes de la Universidad de San Carlos en Petén fue una de las voces críticas en Petén cuando se empezó a construir el centro comercial Maya International Mall. En represalia por la publicación, los sancarlistas fueron encarcelados. Los estudiantes acusan a Baldizón de estar detrás de un invento de extorsión y del encarcelamiento del presidente y del vocero de la AEU-Petén. El primero, Carlos Caal, estuvo siete meses tras las rejas, y el segundo, Elmer Tum, una quincena. Un compañero de los detenidos en la Asociación, Rony Rodríguez, publicó el libro *Señor diputado*, que cuenta toda la historia del conflicto, que incluye la presencia de un fiscal de Chiquimula en Petén para ensañarse judicialmente contra los estudiantes.

La historia se repitió este año cuando otro Carlos Caal, alcalde de Flores que vendió por Q14,400 el terreno frente a Flores y ahora es un operador político de Lider, vendió otra playa pública a una organización no gubernamental. Los 71 mil metros cuadrados de la playa El Chechenal pasaron a manos de la organización Adeso por Q71 mil y después fue revendida a otra organización, Asomaya, que, según la investigación Grupos de Poder, está vinculada a Baldizón.

Los estudiantes solicitan que se declare nula la venta porque la playa está dentro de una reserva ecológica y buscan solidaridad entre ciudadanos y organizaciones. Pero es una tarea titánica cuando los medios de comunicación regionales le pertenecen a Baldizón. Él es dueño de Telesky, la empresa de cable más grande de Petén, y la única que tiene noticieros.

Como lo hizo Berlusconi en Italia, construyó una fortaleza mediática a prueba de contrincantes o voces independientes. Un estudio reciente de Mirador Electoral confirma esta estrategia: los precios que da para políticos de otros partidos es de Q300 por segundo, algo imposible de costear y que no llega a lo que cobran noticieros nacionales. "Ha pintado a los estudiantes como delincuentes y ha hecho de la programación un martirio: abundan anuncios de él y ninguno de otro partido político", relata un vecino que pide, como muchos, no hablar en público en contra del líder petenero.

Como Berlusconi –que redujo los impuestos a los italianos con mayores fortunas–, tiene como propuesta de gobierno un único impuesto de 5% para todos los ciudadanos. Esta política fiscal sería la más regresiva del mundo, pues el 5% para quien tiene ingresos de Q1 millón no significa mucho, mientras que puede traducirse en una comida diaria para quien tiene ingresos de Q1mil mensuales.

Como Berlusconi, es partidario de las políticas de *mano dura* en seguridad. Baldizón propone la pena de muerte como un disuasivo de la violencia. Y como Berlusconi, abona en el populismo en la política. La propuesta estrella de Baldizón para redistribuir la riqueza es el bono 15, cuando sólo 20% de la ciudadanía tiene trabajo formal y está en nómina para recibir ese beneficio y cuando en muchas ocasiones en el campo no se paga siquiera el salario mínimo durante doce veces en el año.

Un religioso que llegó a Petén opinó que es un peligro para la democracia que un político acumule tanto poder, como lo hacen el italiano y el petenero. "Baldizón tiene el control del cable, del comercio, del transporte... tiene un ego grandísimo y mucho poder político. Sin duda es el Berlusconi de Petén", resume el pastor, que recuerda que el político italiano fundó su propio partido un año antes de ser electo por primera vez como primer ministro de Italia, y el centro de su estrategia fue la corrupción, el clientelismo político y el control de los medios de comunicación. Baldizón parece empeñado en el mismo objetivo.

9.

Gustavo Alejos, el omnímodo

Perfil, por Enrique Naveda
1 de marzo de 2011

Gustavo Alejos, el secretario privado de la Presidencia, se prepara para el que será, en sus palabras, su último año en la política. Como actor visible. Como miembro de un Gobierno. Pero en un período en el que la mayoría de sus adversarios andan empeñados en la campaña política, él termina de afinar su influencia sobre cada vez más ámbitos del poder estatal.

***

Existen quizá dos tipos de individuos que deambulan por el Estado: los que reverencian la política y disfrutan el protagonismo; y los que prefieren el poder, la influencia, decidir. Para estos últimos es esencial moverse con discreción, a veces con ardides, caminando entre espejos para que nadie sepa dónde están. Lo sabe bien el representante más probable de este grupo en el actual gobierno: Gustavo Alejos. El secretario privado de la Presidencia ya prepara su movimiento

clave, el maestro: el que le permitiría estar detrás de
todo y al mismo tiempo desaparecer.

Alejos aspira, según variadas fuentes oficialistas,
a colocar a Roberto Díaz-Durán (el exdirector de la
Empresa Portuaria Nacional Santo Tomás de Castilla
al que ya colocó en la UNE como primer secretario
general adjunto) como candidato a la Vicepresidencia,
para después desvanecerse, dar la impresión de que
ya no está, irse sin dejar ni rastro.

Él sólo confirma que después de este gobierno
no habrá nada más. No seguirá en política. Ni como
diputado ni como funcionario ni en el Parlacen. Ni
vinculado a ella.

Pero es difícil pensar que quien con el tiempo se
ha transformado en el operador total del presidente
Álvaro Colom pueda cortar los lazos de forma tan
tajante con el mundo en el que ha vivido intensamente
durante los últimos años.

Aunque desde 2008 muchos le han oído decir que
se sentía cansado, a punto de tirar la toalla y regresar
a la plácida vida de sus negocios, lo cierto es que su
poder no ha dejado de incrementarse. Una vez, con
el video en el que el abogado Rodrigo Rosenberg lo
acusaba de su asesinato, se tambaleó mansamente y
sufrió horas bajas. Pero de aquella acusación salió
más hecho, liberado, casi redimido, y su relación con
Colom, compañero de penas y de calumnias, experi-
mentó un giro que la acercó a la amistad, a la lealtad
mutua, y a una confianza pragmática.

VER A LOS ADVERSARIOS DESPEÑARSE

Gustavo Alejos está hoy más metido en la política que nunca, y quienes se opusieron a sus métodos, a sus intenciones y a sus objetivos, ya no amenazan sus intereses.

Primero, en septiembre de 2008, cayó Carlos Quintanilla de la Secretaría Administrativa de Asuntos de Seguridad por un escándalo de espionaje en las oficinas y la casa de la pareja presidencial. Aquella fecha prefiguró lo que vendría después: el derrumbe o la salida de cualquier adversario interno u oposición dentro del Ejecutivo; de cualquier disenso.

El siguiente en renunciar fue Juan Alberto Fuentes Knight, el exministro de Finanzas y baluarte de la socialdemocracia que pregonaba este gobierno. Se fue hastiado por la reiterada oposición de ministros y se-cretarios cercanos al sector empresarial –encabezados por Alejos– a una reforma tributaria mínima y a la aprobación de un presupuesto, el de 2010, que aunque menor que el del año anterior, era más ordenado y dificultaba la ejecución viciada de los fondos públicos.

El cuarto grupo, el más activista en su lucha ideo-lógica contra lo que representa el secretario privado, el de la izquierda del Gobierno, quedó con la fuerza muy menguada tanto por los cismas internos –hubo un distanciamiento entre Carlos Menocal, ministro de Gobernación, y Orlando Blanco, exsecretario de la Paz–, cuanto por la salida de este último para orien-tar la campaña presidencial de Sandra Torres.

De acuerdo con Carmen Aída Ibarra, del Movi-miento pro Justicia, Gustavo Alejos es un hombre que ha sido "lo suficientemente hábil para mantener-se en el puesto y para estar fuera de las riñas y las

intrigas que han rodeado al presidente y han hecho
colapsar ámbitos de gran importancia, como la seguridad".

Pero no sólo se ha demostrado capaz de flotar en
la marejada. Mientras sus oponentes han ido perdien-
do fuerza en el Ejecutivo, él la ha ganado en las filas
del oficialismo, quizá como producto de la negociación para que su hermano renunciara a ser secretario
general del partido. Los medios reportaron que la
Asamblea de la UNE había sido una victoria aplastante,
monolítica, de las hermanas Torres en el nuevo Comité
Ejecutivo Nacional, pero la foto es clara: Alejos pudo
escoger a tres de los cuatro secretarios generales
adjuntos –Díaz-Durán, su primo veinteañero Felipe
Alejos Valenzuela y Guillermo Castillo, exministro
de Comunicaciones– y la mitad de las vocalías.

Su ascendiente sobre el partido, lejos de haberse
esfumado, es más fuerte que nunca. Y en un año en
el que se prevé que la atención de todo el mundo estará
en la arena electoral, el terreno de Gobierno está ex-
pedito para el secretario que no aspiraba a serlo.

Alejos llegó a secretario privado de carambola
cuando el designado, Fernando Fuentes Mohr, no
pudo asumir porque la ley prohíbe a familiares ser
parte del gabinete –ya era ministro de Finanzas su
sobrino Fuentes Knight–.

EL OPERADOR

Si en la antigüedad todos los caminos conducían a
Roma, durante el gobierno de la UNE casi todos con-
ducen a Gustavo Alejos.

En los dos años que transcurrieron entre la fuga

de Quintanilla y el arrumbarse de Blanco, el secretario privado ha sabido aprovechar esa confianza pragmática de Colom –pero también su ubicación en el centro neurálgico del Ejecutivo– para convertirse en su enlace casi único con el resto del Gobierno y con el exterior, en su operador omnímodo.

Ya en marzo de 2008 se describía a sí mismo en una entrevista con *El Periódico* como "el filtro" para acceder al presidente; la persona con la que Álvaro Colom se comunicaba desde las seis de la mañana, desayunaba y almorzaba; el operador que decide quién tiene un espacio en la agenda del jefe del Ejecutivo (de preferencia, embajadores y empresarios, según habitantes de la Casa Presidencial).

Mientras todos los reflectores y las críticas de la oposición se dirigieron estos tres años a la esposa del mandatario, Alejos se convirtió en el verdadero hombre del presidente.

El poder de Gustavo, señala una fuente cercana al Palacio Nacional, está íntimamente ligado al consentimiento de Colom. Su capacidad de operar está muy relacionada con la repartición de negocios. Pero ha ido evolucionando a acumular poder político. Lo mencionan varios miembros y exmiembros del Gobierno: a él se debe un número cada vez mayor de nombramientos de ministros, secretarios y directores, porque el presidente tiende a elegir entre los nombres que él le sopla. Muchos de los que no le deben su puesto también le reportan a él.

Alejos no sólo controla, por su cargo, la agenda del gobernante. No es sólo quien alquila, según su propia versión –y controla– la casa de la zona 14, en la que Colom y parte de su familia ubican su despacho privado. Es también quien canaliza mucha de la información relevante que los funcionarios quieren transmitirle al mandatario.

No en vano usa o ha usado hasta cuatro teléfonos, y esa imagen lo aproxima más a la idea del operador telefónico que la del operador político. Lo cierto es que cualquier olvido, confusión o mala interpretación de Alejos puede derivar entonces en una decisión torcida o absurda del presidente. Cualquier conflicto con Alejos puede alejarlo a uno para siempre de Álvaro Colom.

En la lista de altos cargos que le deben el puesto o que dependen de él para relacionarse con el presidente o que le informan ordinariamente sobre sus instituciones no hay actores secundarios.

Están, según miembros de su círculo político, el ministro de Finanzas; el de Comunicaciones (y todas sus dependencias, menos el Fondo de Vivienda); el de Energía y Minas; un viceministro de Trabajo al que antes intentó convertir en director de Bantrab —"Botaron su nombramiento a última hora. Debía hasta las tarjetas de crédito", según una fuente del gobierno—; parcialmente el de Economía; un viceministerio y el programa de fertilizantes en Agricultura; el INDE (su gerente es Alberto Cohen, el hijo de Jack Irving Cohen); el Inguat; la Superintendencia de Administración Tributaria; Migración, Aeronáutica Civil, la Portuaria, la Superintendencia de Telecomunicaciones, un viceministerio de Cultura; y sobre todo la junta directiva del IGSS.

Sin olvidar que no necesita ejercer control sobre los ministerios de Salud o de Defensa, cuyas unidades de compras emplean la fórmula del contrato abierto con la farmacéutica de la que es socio.

Al mencionárselo por email, responde exacto,

con una ambigüedad premeditada: "Mi función como Secretario Privado del Presidente es colaborar con él en lo que necesite con las diferentes entidades de Gobierno".

En todo esto el secretario privado ha actuado poco a poco y a tientas a veces, pero con habilidad notable y un sigilo aprendido.

TORPE BULLA Y SILENCIO

No fue así desde el principio. Gustavo Alejos tardó más de un año en comprender que la controversia, la turbulencia, la suspicacia y el protagonismo no eran la mejor manera de vivir para uno de los mayores financistas de campaña y socio privilegiado de JI Cohen, la farmacéutica que se encuentra entre los principales proveedores del Estado.

Para entonces, su primo Luis Alejos ya era ministro de Comunicaciones (una de las carteras que han servido tradicionalmente a fines clientelares o de negocios); su hermano, Roberto, había sido aupado *in extremis* a su primera Presidencia del Congreso en 2009 aunque la UNE ya se la había prometido al unionista Mariano Rayo; y su propia figura estaba cobrando, contra su voluntad, unas dimensiones desaforadas.

Eso quedó claro en el momento en que Rodrigo Rosenberg acusó en un video al presidente Colom, a Sandra Torres, pero sobre todo a él, a Gustavo, de haber ordenado su asesinato y el de Khalil y Marjorie Musa. Una investigación de la CICIG, sentenciada por los tribunales, mostró que el abogado en realidad se mandó matar. En el video, Rosenberg acusó a Gustavo Alejos no sólo de estar detrás de su muerte, sino

de gestar buena parte de los negocios que se hacían
en el Gobierno: los pasaportes, el documento personal
de identificación (DPI), Banrural.

Después de aquello, angustiado, abatido, febril,
y vilipendiado por una élite a la que había intentado
acercarse, Alejos se enconchó. Pasó meses cabizbajo,
retirado a la sombra del presidente. Y regresó al lugar
del que no debía haber salido: los entretelones.

Aún así, nunca había sido del todo fácil verlo.

BONACHÓN Y OSTENTOSO

El secretario privado fue siempre uno de esos tipos
bonachones y ostentosos –"uno de los pocos guatemaltecos que va y viene de su casa todos los días en he-
licóptero"– que prefieren vivir tras bambalinas, buscando diluirse en el ambiente, lejos de los reflectores,
de los fastos públicos, de las reuniones multitudina-
rias y casi se podría decir que de su despacho oficial
en el Centro Histórico.

A menudo atiende a sus interlocutores en sus oficinas de JI Cohen, sin mezclar, asegura, el negocio y
la política: "Trabajo las 24 horas del día los siete días
de la semana a disposición del Presidente y los asuntos
del Gobierno los atiendo en Casa Presidencial y lo
particular en mis oficinas...", aunque a veces, a decir
de empleados públicos o políticos a los que ha atendi-
do en sus oficinas, las cosas se le cruzan.

Alejos no asiste a los actos del partido oficial porque no pertenece a éste, pero también son escasos los
actos de Gobierno a los que acude, porque no quiere
que se le vea. No le gusta reconocerse como figura
política. Prefiere concebirse –y es una imagen pro-

bablemente real y muy ventajosa– como "un colaborador del presidente", según una respuesta que sólo quiso dar por correo electrónico.

LA FAMILIA NUCLEAR

La figura política, claro está, es su hermano. El presidente del Congreso. Roberto el de palabra amable, el de carcajada presta, el componedor nato. Roberto uno de los constituyentes más jóvenes. Roberto el que llegó a la UNE después de haber sido convencido por Colom y su hermano Gustavo, y se ha mantenido como jefe del Organismo Legislativo por tres años (2009, 2010 y 2011); sólo superado por Ríos Montt desde el retorno a la democracia.

Roberto el que quería ser candidato presidencial hace unos meses. Gustavo el que se negaba a poner el dinero, el que pensaba que no era el momento, el que pensaba que era una locura, un derroche, un absurdo. Y entonces Roberto el desahuciado. El político ambicioso, el hábil y astuto. El que quiere una vida pública, aplausos, confeti, cenas con champán. Roberto el hermano mayor. Roberto ¿el operador o el protagonista? O ¿Roberto y Gustavo S.A.?

Algunos creen que cuando se habla de la relación entre Roberto y Gustavo Alejos no hay que perder de vista su vínculo familiar.

No es subrayar la obviedad de que sean hermanos. Es más bien recordar el lugar y las implicaciones de ser una élite secundaria, tener menos pedigrí que la élite nacional. Su apellido, aunque de peso en la historia del país con personajes como un tío abuelo lejano, Roberto Alejos Arzú, ya no pertenece a una rama central. Esto, según la teoría de Marta Casaús Arzú en el libro *Linaje y racismo en Guatemala*, explicaría sus esfuerzos denodados por agradar al empresariado tradicional en busca del estatus perdido. También es llamar la atención sobre el carácter corporativo de las familias de abolengo del país, como también evidencia la investigación de Casaús –la familia Alejos lleva un siglo metida en política y en negocios–.

Un exfuncionario cree que la de los Alejos es la estructura propia de la gestión familiar típica latino-americana, que ubicaba a sus vástagos en profesiones complementarias, y lo ilustra con un recuerdo: "Una vez Roberto me dijo: 'Somos tres hermanos. No es coincidencia que uno se dedicara a los negocios, otra esté en la comunidad internacional y yo, en la política'".

Roberto dice que con esa frase sólo quiso expresar que la política corre en sus venas, pero lo que quiere decir el exfuncionario es que actúan como un organismo pluricelular en el que cada uno de ellos busca su objetivo. Roberto, satisfacer su ambición política; Gustavo, la económica –que él ha defendido como "la del capital emergente" ante miembros del Consejo Económico y Social–. Al final ambos compartirían el mismo fin: avivar el esplendor familiar allanando el camino del otro.

"QUE PAGUE GUSTAVO"

Roberto no es un operador de Gustavo, aunque a veces lo parezca. Trabajan, eso sí, de manera articulada, pero Roberto goza de áreas de independencia sobre todo en donde no se meten ni el presidente ni su hermano. Aunque a veces, afirma un colaborador, se pone un poco rebelde. Dice un exministro que trabajaron en conjunto, por ejemplo, para sacar a Mauricio Radford, que era el recordatorio infame de los problemas internos del Registro Nacional de Personas, pero también de las acusaciones contra Gustavo por parte de Rosenberg. Así aliviaron un poco la presión del empresariado.

"En cuanto a intuición e inteligencia, los hermanos son un complemento", ratifica Carmen Aída Ibarra.

En el Congreso, hay diputados que se ríen cuando se les pregunta cómo trabajan los Alejos. Lester Reyna, de la UNE, está entre ellos y apenas acierta a decir que "cada quien hace su trabajo, pero más de alguna relación debe haber, algún tipo de influencia entre uno y el otro".

Rosa María de Frade, muy seria, asegura en cambio que "Roberto es operador de Gustavo en el Legislativo, por la coordinación que debe haber con el Gobierno". Colaboradores más cercanos a la alianza oficialista consideran que es Gustavo quien soluciona los problemas cuando a su hermano se le complica la negociación: pega una llamada a los jefes de bloque y convoca reunión con Álvaro Colom.

Las respuestas de Jaime Martínez Lohayza, el jefe de bancada de la Gana, son canónicas, de manual:

—El interés de los dos hermanos es el mismo: el de trabajar por Guatemala.

—¿Puede ser más concreto, diputado?

—Cada uno en su respectivo organismo trabaja por mejorar el país —añade, sin añadir nada. Pero luego, con cierta ambigüedad, deja entrever una fisura: "Me llevo bien con los dos, todos estamos metidos dentro del proyecto de partido".

"El proyecto de partido" es quizá como se refiere

a la alianza UNE-Gana, pero puede ser algo más. Puede ser por ejemplo simplemente la Gana. Aunque nadie quiere reconocerlo, hay indicios que invitan a pensar que Gustavo está "refinanciando" al decadente partido exoficial, según la expresión de un miembro de su círculo, y que así ha logrado extender aún más su influencia y allanarle a su hermano la escarpada gobernabilidad del Congreso.

Y más que indicios. En estos días, las finanzas de la UNE no atraviesan buenos momentos.

En parte porque Alejos, el mayor financista reconocido en la última campaña de Colom, no está nutriendo las arcas oficialistas. (¿Por qué? "No estoy obligado a financiar una campaña", replica el secretario privado cuando se le inquiere, y continúa, con la verdad en la mano: "Que yo sepa, el Tribunal Supremo Electoral aún no ha abierto la convocatoria para ello".)

Y en parte porque a la otra fuerza en la UNE –la que gira alrededor de Sandra Torres– le está costando demasiado encontrar ayuda en otros lugares.

Sucedió durante una reunión entre la UNE y la Gana a la que acudieron, al menos, Raúl Robles, Carlos Barreda, Chico Cárdenas, Roberto Kestler, Virna López y Jaime Martínez Lohayza. Los miembros de la UNE, ávidos de fondos, les preguntaron a sus aliados qué traían para financiar la campaña. El jefe de la Gana contestó algo así: Dejémonos de babosadas, que ya saben que al que le tienen que preguntar es a Gustavo.

No son la UNE y la Gana los únicos partidos que dependen financieramente del hermano pequeño de los Alejos. Varias veces Sandra Torres, encolerizada, lo ha acusado de ayudar a la oposición: al Patriota, a Lider, a todos con obras en el Congreso. Ahora, por otro lado, cuando le niega dinero a la UNE, otorga fondos a otras agrupaciones como el FRG para su asamblea, para pago de asesores.

"VIENE DE ARRIBA"

En realidad, ni los más metidos en el partido oficial tienen del todo claro cómo trabajan los Alejos, a qué responden, qué buscan aparte de lo obvio. Porque igual que sucedía con la información que ciertos funcionarios le quieren mandar al presidente, si se omite a Mario Taracena, los Alejos dominan el flujo de comunicación con la bancada. Sin ellos, se genera un cortocircuito. Con ellos, no se sabe qué pensar.

Una orden de Gustavo o de Roberto es tomada por una orden de Colom, afirma un diputado de peso. Basta con que cualquiera mencione que "viene de arriba", continúa, para que sea tomada como un mandato divino, aunque en realidad nunca nadie sabe si la dio el gobernante o si es una simple ocurrencia de los hermanos.

Hoy, cuando se acercan elecciones judiciales, su influencia, la de ambos, pero sobre todo la de Gustavo, trasciende con creces los límites del Ejecutivo. Y no sólo se detiene en el Congreso. Gustavo, el hermano pequeño de la saga está preparando –sigiloso pero no en grado absoluto– su salida de la política.

No es verosímil que la apuesta por la vicepresidencia de Díaz-Durán, genial e improbable al mismo tiempo, sea su jugada principal. A fin de cuentas dependerá de un albur, o, como afirma él mismo, de la opinión de Sandra Torres.

El juego de Gustavo Alejos va más allá: desaparecer, pero seguir detrás de todo.

(Algunos meses después, en efecto, Gustavo Alejos logró que Díaz-Durán fuera electo como precandidato a compañero de fórmula de Sandra Torres en la UNE.)

10.
LA FISCAL QUE MOVIÓ EL ÁRBOL

Perfil, por Luis Ángel Sas
29 de junio de 2011

Por primera vez una mujer fiscal fue electa para el cargo de fiscal general. Y con ella por primera vez llegó alguien con la idea de perseguir y sentar ante los jueces a quienes son considerados criminales del conflicto armado y capos del narcotráfico.

La fiscal general, Claudia Paz y Paz, reunió a la mayoría de trabajadores del Ministerio Público en el vestíbulo del moderno edificio de la fiscalía. Allí, ante todos, se paró y les dijo: "Vendrán cambios, muchos cambios".

Era diciembre del 2010. Muchos se sorprendieron porque era el primer fiscal general que se paraba ante ellos como un líder y les hablaba de una forma enérgica. Antes, todos pasaron directo hacía su despacho y desde allí mandaron.

La nueva fiscal no mintió: llegaron cambios que ahora pueden notarse en la empatía o antipatía de trabajadores. En casos que jamás caminaron, en capturas de mini capos, en destituciones masivas en el

MP que no salen a luz porque muchos de los que se fueron no objetaron. Sabían que era mejor salir del MP que ir directo a la cárcel.

"La fiscal movió el árbol. Las frutas podridas cayeron pero también algunas muy buenas", dice el jefe de una fiscalía (así pidió ser citado). Aunque logró deshacerse de personas a quienes consideraba corruptas y también ineficientes, perdió a buenos fiscales, intermitentes, pero buenos.

La política laboral que emprendió Paz y Paz para destituir a todos aquellos que no eran funcionales o daban esa impresión llegó incluso al sindicato del Ministerio Público, donde las destituciones llegaron. Esto hizo que el Movimiento Sindical, Indígena y Campesino Guatemalteco emitiera un comunicado solicitando que se respetaran los derechos de los sindicalistas. Aprovecharon el conflicto para recordarle que en sus meses de gestión no habían visto avances en las investigaciones de agresiones y crímenes contra sindicalistas.

La fiscal respondió casi de inmediato: con el tema del sindicato no hubo marcha atrás, los destituidos no pudieron regresar pero a cambio creó la Fiscalía especial de Delitos contra Sindicalistas y reorganizó la Fiscalía de Derechos Humanos. Lógico, si se piensa que toda su carrera se ha encauzado hacia su defensa.

Su currículo lo demuestra: abogada querellante en casos contra policías, contra el ejército, como investigadora, como perito en la Corte Interamericana de Derechos Humanos. O asesora jurídica en la oficina de Derechos Humanos del Arzobispado o la oficina del Alto Comisionado de las Naciones Unidas para Refugiados. Una vida entera dedicada a asuntos relacionados con los derechos fundamentales de las personas.

No hay, no obstante, quien no la acuse de violar esos mismos principios, o los laborales, o los sindicales. Algunos empleados le imputan haber transgredido las reglas. El conflicto consiste en lo siguiente, en palabras de los enojados: la fiscal pide que se abra un proceso para destituir a los trabajadores que considera que no están haciendo bien su trabajo. Cuando, en medio del proceso, los empleados intentan renunciar (la indemnización en el MP es más alta si dimiten que si les echan, al contrario de lo que sucede en el sector privado) el MP bloquea la dimisión, porque legalmente no es posible renunciar en medio del proceso de destitución. Los empleados entonces apelan la decisión y, como el consejo del Ministerio Público, el encargado de conocer los casos, no se ha conformado, nadie resuelve las apelaciones. En ese intervalo los empleados son trasladados hacía el interior, a lugares incómodos: Petén, Chiquimula, San Marcos. Pronto se resignan a su destino, retiran su apelación, y son destituidos. Con una indemnización menor.

De momento han cesado por lo menos a 16 jefes de fiscalías en todo el país. La mayor purga en la historia reciente del MP. "Jamás se había visto", dice Javier Monterroso, hasta mayo secretario privado del MP. "Algunos se fueron porque en 20 años no funcionaron, otros porque no soportaron la presión de obtener resultados y otros porque tenían vínculos con el crimen organizado".

Una de las destituciones fue la del jefe de la fiscalía de narcoactividad, Leonel Ruiz. Después de su separación tuvieron lugar algunas de las capturas más notorias de los últimos tiempos. Tres supuestos capos del narcotráfico, de distinta antigüedad, celebridad y relevancia, no tardaron en caer en manos de las fuerzas públicas: Waldemar Lorenzana, Juan Ortiz y Byron Linares Cordón. Los tres solicitados por Estados Unidos por su supuesta vinculación al tráfico de drogas.

"No sé, lo único que le puedo decir es que por lo menos ahora del MP no hay fuga de información". Monterroso, que ahora pretende una curul como diputado del Frente Amplio de Izquierda, no tiene respuesta a la pregunta de si hay relación entre las capturas y la separación de Ruiz.

Pero la semana pasada, durante la cumbre de seguridad centroamericana, sucedió algo que la fiscal puede tomar como un agradecimiento y respaldo quizá inesperado. En su visita al país, Hillary Clinton, secretaria de Estado de Estados Unidos, se reunió en privado, por separado, con tres personas: dos presidentes de Gobierno, y ella.

El Ministerio Público subrayó el detalle en su página web: "Durante la breve pero sustantiva reunión Clinton reiteró su apoyo a Guatemala en la lucha contra las drogas, así como la satisfacción por las capturas importantes que se han hecho en el país, y a la vez manifestó su sentir positivo con el trabajo del MP y de la fiscal general de Guatemala, por lo que reiteró su interés de continuar una larga y productiva cooperación en los siguientes años".

El detalle no pasó desapercibido para un columnista que suele escribir sobre la política exterior estadounidense. Gustavo Berganza interpretó la visita como una deferencia hacia la fiscal general y subrayó su simbolismo: "Esa fue la manera escogida por el gobierno de Estados Unidos de expresar su apoyo a la doctora Paz y Paz. Algo muy necesario, porque para nadie es un secreto que en este clima preelectoral tan enrarecido, algunos de los avances realizados por el MP en investigaciones, capturas y encausamientos –en particular los que implican militares– han sido interpretados como movimientos ordenados desde la UNE para descarrilar la campaña del general Otto Pérez Molina".

¿Agenda forzada?

Sin embargo, si se quiere buscar una agenda en el trabajo de Paz y Paz, no se encontrará ningún cambio de dirección en su vida tras su llegada al MP. Nacida en 1966, Paz y Paz es socia fundadora del Instituto de Estudios Comparados en Ciencias Penales de Guatemala (Iccpg), donde conoció a Monterroso. Además también fundó la Unidad de Protección a Defensores de Derechos Humanos (Udefegua).

Un pasado demasiado cargado como para dejar afuera el tema de derechos humanos. La Fiscalía de Derechos Humanos ha sido una de las que más apoyo ha recibido en los últimos meses. Junto a la delitos contra la vida, la Fiscalía especial que trabaja con la Comisión Internacional Contra la Impunidad (CICIG). Al contrario de la Fiscalía contra la Corrupción que perdió dos agencias fiscales: una que fue designada para ver los casos por la Ley de Extinción de Dominio y otra para reforzar la Fiscalía contra el Crimen Organizado.

Están claros los intereses de Claudia Paz y Paz.

"Se entiende. Si es su especialidad los derechos humanos, será uno de sus intereses", dice Aura Mancilla, de la Fiscalía de Derechos Humanos, y matiza "pero ella es fiscal de todo el Ministerio Público, tiene intereses en todos los casos", añade.

Sin embargo, se ha puesto mayor atención a la Unidad de casos especiales del conflicto armado interno que solicitó la captura de Héctor Mario López, el exjefe del Estado Mayor de la Defensa (1982-1983). La primera captura de un acusado de genocidio y desaparición forzada.

Hace dos años esa unidad estaba conformada por el jefe de la unidad y un auxiliar. En la actualidad hay un jefe, cuatro fiscales y cada uno tiene cuatro auxiliares fiscales para trabajar. "Falta personal y creo que llegará pero hay problemas ahora de financiamiento", dijo Mancilla.

Paz dice que sus intereses han sido y serán todos los casos y subraya que la Fiscalía de Derechos Humanos es sólo una más de las que se han mejorado. "La Fiscalía de Delitos contra la Vida es la que más me preocupa, también fue reestructurada la de delitos patrimoniales", dice la fiscal general en una fugaz entrevista.

Pese a todo, algunos casos que fueron cercanos a Paz y Paz cuando era abogada litigante y que conocía bien han caminado de forma más rápida en los últimos meses.

Paz y Paz fue abogada querellante en el caso contra el exalcalde de San Juan Cotzal, José Pérez Chen, capturado el pasado domingo después de seis meses de búsqueda y treinta operativos. Un caso que empezó a funcionar en enero cuando Paz y Paz ya era fiscal. Antes avanzó pero no a la misma velocidad. Pérez es acusado de haber incitado a la población para linchar en noviembre del 2009 a un policía que enfrentó al alcalde por haber detenido a su hijo por su supuesta apariencia de pandillero.

Además también fue perito en la Corte Interamericana de Derechos Humanos (CIDH) en el caso de la masacre de las Dos Erres. Esta cercanía a los casos ha hecho circular la sospecha de que si Otto Pérez Molina gana la Presidencia intentará defenestrar a la fiscal, como lo han hecho los últimos dos mandatarios con las cabezas heredadas del MP.

En varios foros le han preguntado a Paz y Paz si es consciente de que su mandato puede durar poco. Su respuesta ayer fue firme: "La ley es clara y yo mantengo lo que dije: sería un golpe de Estado técnico", y agregó, antes de marcharse en un gran ajetreo: "Mi plan de trabajo es para cuatro años; no para menos".

La fiscal subió al vehículo oficial y partió hacia otros compromisos. Muchos árboles por mover, muchas frutas que desde abajo parecen podridas. El tiempo es corto.

11.
"Se renunció al impuesto a las telefónicas a cambio de aportes a la campaña de Sandra Torres"

Entrevista con
Juan Alberto Fuentes Knight,
por Enrique Naveda
26 de agosto de 2011

El próximo 1 de septiembre de 2011 F&G Editores publicará *Rendición de cuentas*, un libro en el que el exministro de Finanzas Juan Alberto Fuentes Knight describe su paso por el gobierno. Y lo que vio. En esta entrevista ofrece algunos adelantos.

***

Hay, han de saber, dos formas de leer este libro (porque hoy vamos a hablar de un libro que habla de un gobierno).

Una que busca la explicación larga, sistemática, justificada y dura de la lógica reformista y las vicisitudes que guiaron dos años y medio de trabajo dentro del único ministerio que es presionado no sólo por el Congreso, el Organismo Judicial, y el sector privado, sino también por el mismo Gabinete de Gobierno: el Ministerio de Finanzas Públicas, el encargado del Tesoro Público.

La otra es una lectura más descoyuntada, menos académica, quizá un poco morbosa y ciertamente periodística. Algo anecdótica, si se quiere, si no fuera por su importancia para comprender la *realpolitik* guatemalteca. Para desmantelar mitos y discursos consabidos, para develar hipocresías, para mostrar que entretelones mucho de lo que sucede es una gran farsa o un gran negocio.

Ambas lecturas se combinan.

El hilo conductor del libro es el empeño del Ministerio de Finanzas de llevar a cabo una reforma fiscal con propuestas cada vez más degradadas. "El espíritu de un pueblo, su nivel cultural, su estructura social, los logros que su política formule, todo esto y más está escrito en su historia fiscal, desnudada de cualquier adorno. Aquel que sabe cómo escuchar aquí su mensaje puede discernir el trueno de la historia mundial más claramente que en cualquier otro lugar", se cita en el libro.

Pero no describe, desnudada de cualquier adorno, la estructura fiscal. Las intrigas, los sabotajes internos del Gobierno (las amenazas serias), las insinuadas trampas que como pequeñas conspiraciones urden en el Congreso diputados que en lo público se muestran antagónicos, la corrupción del sector público y del sector privado, sus conflictos de interés, los ingeniosos fraudes, el esfuerzo, la incompetencia, la prensa, el G-8, Sandra Torres, Gustavo Alejos, Manuel Baldizón, Colom, Alejandro Sinibaldi, Roxanna Baldetti, la estafa de MDF y Efraín Bámaca de fondo en las negociaciones, todo ello son los personajes, el decorado, la escenificación circunstancial de la tragicomedia.

Juan Alberto Fuentes Knight, el primer y más duradero ministro de Finanzas de la administración de Álvaro Colom, publicará este libro, dice, tratando de dejar "quizás una especie de legado, de hacer rendición de cuentas personal".

Y el libro tiene tanto de rendición de cuentas (el debate razonado de por qué decidió lo que decidió y la justificación de lo que él ve como sus errores) cuanto de ajuste de cuentas político e intelectual.

Se nota en lo que ya se ha dicho pero también en su aire travieso y lúdico, en la maldad académica con la que emplea las citas que encabezan cada sección del libro: citas de liberales clásicos (Adam Smith, por ejemplo) para destruir los argumentos pseudoliberales de los intelectuales orgánicos; citas de las novelas históricas de Francisco Pérez de Antón para dejar en evidencia a los dirigentes empresariales del país; citas de Álvaro Uribe para justificar los tributos, citas de Vargas Llosa, citas devastadoramente descriptivas del Congreso.

Alguien le ha dicho que todos los ministros deberían hacer lo mismo, cada uno en su ámbito: explicarle a la gente cómo es estar en el gobierno y, en su caso específico, cómo se trata de implementar la política fiscal. Por eso lo ha escrito, dice, pero también con la idea de que esto no es sólo política fiscal: la política fiscal tiene la capacidad de reflejar mucho lo que pasa en una sociedad: la estrategia de desarrollo de un país, sus prioridades, su esqueleto.

¿Y qué refleja la política fiscal?

La política fiscal refleja, dice, "que estamos en una situación desfavorable como país, refleja ciertas relaciones de poder: un poder de veto que ejerce el sector privado —normalmente muy intransigente en lo que se refiere a la política fiscal—, el predominio de una ideología muy conservadora que es contraria a un protagonismo del Estado a favor del desarrollo, y que también se manifiesta en comportamientos de una clase política muy débil".

LA IDEOLOGÍA DEL SECTOR PRIVADO

Cuando dice que hay una ideología conservadora contraria al desarrollo, ¿cree que existe una voluntad contraria al desarrollo o una confusión con respecto a cómo lograrlo?

No. Existe una ideología, una manera de pensar, que es dominante. Esa no le atribuye al Estado la posibilidad de impulsar de una manera decidida el desarrollo. Y a veces también tiene un tremendo temor de ese Estado, porque lo ve como el Leviatán que va a dominar a todos. Y al tener esa visión, le impide desempeñar su papel. Es un poco la ideología del Estado mínimo, del Estado... uno podría llamarlo neoliberal. Y creo que eso sí explica en parte lo que ha ocurrido.

Ese sector privado con un poder de veto enorme y férreamente opuesto a las reformas fiscales que usted menciona, ¿actúa siempre de la misma manera o hay ciertas circunstancias bajo las que opera de otra forma y con mayor apertura?

Bueno, no es un sector privado homogéneo. Tiene distintas fracciones, desde las más tradicionales, vinculadas a la agricultura, hasta otras bastante tradicionales, vinculadas a la industria, y luego quizás sectores un poco más modernos, vinculados a las exportaciones no tradicionales o a los servicios. Esa misma condición económica incide en la manera de pensar. Hay unos que están en sectores más dinámicos, más modernos, más vinculados con el resto del mundo y eso conduce a visiones más abiertas. El problema creo que se da en que cuesta mucho articular una posición conjunta positiva en varios temas. Y ahí el tema fiscal lo ilustra. El sector privado, y en particular el Cacif, tiene una gran capacidad para declararse totalmente en contra de iniciativas, pero tiene una tremenda dificultad para declararse a favor de una iniciativa, aunque sea una bastante modesta y moderada. Esto lo vimos porque impulsamos distintos tipos de iniciativas, lo discutimos con ellos, lo negociamos... En algunos casos había una oposición bastante frontal de todos. Por ejemplo el tema de ponerle un impuesto a los dividendos. Pero luego teníamos otros temas como lo que se refiere a antievasión, o la administración tributaria o el combate al contrabando. A veces había declaraciones a favor de que se hicieran cosas, pero en la práctica teníamos a unos que estaban a favor y a otros que se ponían en contra.

Por ejemplo llegamos a un acuerdo con ellos en relación a Antievasión II, pero luego fue muy difícil que se pronunciaran de manera explícita a favor de esa iniciativa, lo cual hubiera ayudado mucho a que caminara en el Congreso.

Esa idea de los dividendos está destacada en el libro con un dejo de sorpresa, como que no se lo esperaba y descubrió al llegar al ministerio que la oposición no era tanto a ciertos niveles impositivos cuanto al gravamen sobre los dividendos.

Tal vez estar totalmente sorprendido no, porque sí es una fuente importante de ingresos. Quizá lo que sí me llamó la atención fue lo fuerte de la oposición, tomando en cuenta experiencias de otros países. Como Chile, donde se aplica. Reflejaba a final de cuentas la poca voluntad de aportar algo, aunque fuera pequeño.

Se estaba proponiendo entre un 5 y un 10% de los dividendos. En ese sentido, quizá no fue una gran sorpresa, sino más bien el cumplimiento de un presentimiento que no hubiera querido ver cumplido.

¿Por qué el Cacif no hizo fuerza para que se aplicaran las tarifas técnicas de importación de vehículos y permitió que se siguiera utilizando el método que privilegia el fraude con facturas falsas?

Incidió la posición de los importadores de vehículos nuevos, que no querían que aumentara aunque fuera levemente lo que ellos tenían que pagar, lo cual condujo a que su oposición se sumara a la oposición de diputados que favorecían el uso de facturas falsas. Al final de cuentas, fue una demostración de miopía y de que las exigencias públicas que a menudo hacen representantes del sector privado que se debe combatir el contrabando y la evasión se quedan sólo en generalidades, pero cuando ya se trata de aterrizarlas ya no les gustan.

¿Pero qué peculiaridades tiene el sector privado acá que lo hace tan reacio a las reformas?

Yo creo que tiene un origen colonial muy especial. El hecho de que basó su desarrollo originalmente en aprovechar mano de obra en condiciones casi de esclavitud, en condiciones de un claro racismo, de un país desintegrado; el propio origen de los conquistadores y el conquistador principal que tuvimos, que fue Pedro de Alvarado... Creo que todos marcan como un inicio bastante conservador, poco acostumbrados al diálogo, y con una tradición de imposición.

Y eso cristalizó en una Constitución restrictiva...
Claro, claro.

Usted cita al Banco Interamericano de Desarrollo: "El sector empresarial influye en la formulación de políticas en toda América Latina, pero en ningún lugar tanto como en Guatemala". ¿Qué parte de la responsabilidad de que el país esté como está debe asignársele a ellos?
A lo largo de la historia han sido determinantes en relación a las políticas que se han impulsado en Guatemala. En el libro se explica cómo fueron determinantes, en ocasiones con éxito y a veces no, en relación a lo que el gobierno propuso durante el período en que fui ministro.

El sector privado suele escandalizarse por los conflictos de intereses que se dan en el seno del gobierno y entre los diputados, pero en el libro habla de cómo el Cacif y la Cámara de Construcción intentaron colarse en el consejo de dirección de la agencia que debía evaluar proyectos de alianzas público privadas. ¿Es habitual el conflicto de interés y el tráfico de influencias de parte del sector privado organizado? ¿Por qué vías?
Tanto el Cacif como la Cámara de la Construcción quedaron dentro del consejo de la agencia responsable del impulso de alianzas público privadas, que estarán centradas en proyectos de infraestructura. Es común que el sector privado realice acciones de cabildeo que se reflejan en cambios de leyes o en la oposición a ciertas leyes, pero en este caso, estar presente en la junta directiva que decidirá qué empresas participarán en proyectos garantizados por el Estado los coloca en la posición de poder defender a determinadas empresas de las cuales ellos, familiares o amigos son

socios. Es una invitación a la corrupción o al tráfico de influencias. Hace muy difícil que exista una evaluación objetiva de cada proyecto y de las empresas que estarán participando en el proceso.

REFORMA FISCAL Y TRANSFORMACIÓN SOCIAL

Hay varias ideas llamativas que Edelberto Torres-Rivas adelanta en el prólogo. La primera de ellas, que su lucha por la reforma fue un combate contra la historia. ¿La ganó o la perdió?

Esa lucha no se ha ganado ni perdido todavía. Creo que es una lucha larga y precisamente uno de los objetivos del libro es contribuir a esa lucha. Es una lucha prolongada. Sí, reconozco que no avancé lo que hubiera querido avanzar, y en particular no logramos avanzar con la implementación de esto que se llamaba la reforma integral. Ahora, creo que pusimos en la agenda el tema claramente. Quedaron iniciativas de ley ya hechas con base en el espíritu del Grupo Promotor de Diálogo Fiscal. Eso ahora se está retomando. En ese sentido se avanzó como país al reconocer la importancia de este tema y yo esperaría que el trabajo que hicimos en el Ministerio haya contribuido como base.

¿Se llegó a presentar una iniciativa de ley para la reforma integral?

No, nosotros se la dimos al secretario general de la presidencia. Pero ahí por lo que explico en el libro, el presidente decidió que no se presentara al Congreso. Se presentó sólo una parte, la correspondiente a la tributación indirecta, que después se convirtió en Antievasión II. De todos modos esa primera parte, la del impuesto sobre la renta, sí pasó por un proceso bastante amplio de discusión, con organizaciones sociales, diputados y el sector privado. En ese sentido considero que avanzamos algo, pero no suficiente. Lejos de suficiente.

Otra idea que expone Edelberto Torres-Rivas es que en estos momentos la reforma fiscal es más importante, más revolucionaria, que una reforma agraria.

Ha habido tres temas que en Guatemala han sido muy polémicos. Han sido la reforma agraria, el papel del ejército y la reforma tributaria. Y creo que sí en el momento actual ha ido quedando claro el papel del ejército (no es que haya consenso pero no es un tema tan polémico como el fiscal). La reforma agraria quedó atrás el momento en que debería haber sido implementada.

¿Por qué?

Porque la actividad económica se ha ido desplazando a otros sectores y ya no tiene la misma importancia como centro del poder económico y político del país.

¿Dónde está ahora ese centro?

En lo fiscal.

Y en...

En la capacidad del Estado de impulsar el desarrollo, incluyendo el desarrollo rural.

Eso de parte del Estado, pero si nos vamos a... ¿Sería los bancos?

No, está bastante más diversificada la economía guatemalteca. El sector servicios, la industria... El sector agrícola es cierto que todavía tiene la mayor proporción de personas que trabajan ahí, pero aunque se distribuyera toda la tierra entre esas personas ya no alcanzaría. Entonces, sin que deje de justificarse alguna redistribución de tierra ya no es algo tan importante como antes en el sentido de que antes podía ser un aporte decisivo para el desarrollo del país.

O sea, ¿la reforma tributaria sería la reforma principal para asegurar la redistribución de poder?

Para asegurar el poder del Estado de impulsar el desarrollo. Y eso pasa por tener una mayor autonomía frente al sector privado u otros, y para redistribuir también.

¿Por qué creen que no basta con combatir la evasión y ampliar la base tributaria?

No basta combatirla con acciones en aduanas o control de los evasores sin modificaciones de la ley. Las propuestas que impulsamos durante mi período de gestión como ministro, tanto en relación a impuestos como el IVA como al impuesto sobre la renta, incluían numerosas normas para combatir la evasión y el contrabando, e iban desde sanciones más fuertes a ser aplicadas en las aduanas hasta la obligación de reportar los costos reales de las empresas y los gastos verdaderos de los individuos, con el fin de no reducir lo que reportaban como ventas, ganancias o ingresos. Esto puede generar ingresos tributarios fuertes pero de manera gradual; elevar tasas, como las aplicables a la circulación de vehículos, puede tener un efecto más inmediato.

Algo que está en el libro, insinuado o esbozado, pero no ana-
lizado, es toda esta idea de la nueva correlación de fuerzas que
se hace obvia con el Gobierno de Alfonso Portillo. Por ahí se
habla de los cooperativistas, de Gustavo Alejos y Carlos Meany
dentro del gobierno. ¿Cómo pudo ver desde dentro del ministerio
esa nueva correlación, si es que considera que existe tal?

No, yo creo que sí hay una diversificación de los
sectores privados. Productivos, más que privados,
porque ahí se incluye sectores como los cooperativistas,
que se han fortalecido muchísimo y que incluso, bueno,
en el Gobierno, como menciono en el libro, había una
relación especial con el sector cooperativista en general. Positiva. Hay esa diversificación, pero volvemos
al tema ideológico. Creo que sigue predominando en
ese sentido el sector privado más tradicional. Eso es
muy diferente a El Salvador. Allí por ejemplo se desa-
rrolló un sector financiero que tuvo la capacidad de
imponerse a los demás y de imponerles su propio
proyecto. Un nuevo sector que aglutinó y movió al
país en otro sentido. Incluso en el sentido de apoyar
a Arena. En Guatemala no ha surgido ningún otro
sector con esa capacidad de cuestionar o desplazar a
los sectores más tradicionales. Entonces a pesar de
toda esta diversificación, sigue predominando esa
visión y ese sector.

¿En parte porque los tradicionales se han sabido diversificar
y entrar en esos sectores pujantes como el financiero?

Sí, en parte. Ahora, creo que hay otro sector que
está surgiendo ahí, que es el sector... llamémoslo "mafioso", "gangsteril", a veces vinculado con el narco,
y que a veces también se vincula con la actividad política, que sí está generando mucho temor dentro del
sector privado –del otro sector privado– y que yo creo

que conduce a lo fundamental ahora, que es la seguridad. Y la seguridad como un tema que requiere un fortalecimiento del Estado, que a su vez conduce a la necesidad de una reforma fiscal. Ahí yo vería una ventana que eventualmente pudiera hacer más factible una menor oposición del sector privado a ese fortalecimiento del Estado por la vía fiscal. Pero también debiera ir acompañado de una rendición de cuentas y de un respeto al Estado de Derecho. Si no, vamos a tener un Estado autoritario, más a la Justo Rufino Barrios, y tampoco creo que la población −ni el sector privado− vayan a querer ese tipo de cosas.

Lo sórdido del gasto público, lo luminoso de la transparencia

Habla de rendición de cuentas. Existe la impresión muy extendida de que no se ha avanzado nada por el lado del gasto público.

Uno de esos avances viene de hace varios años. Quien lo empezó fue Luz Toledo Peñate, que fue viceministra y después ministra de Finanzas en el Gobierno de Arzú. Ella empujó el Sistema Integrado de Administración Financiera. Y a partir de entonces es bueno reconocer que todos los gobiernos o casi todos lo fortalecieron. Nosotros lo extendimos a las municipalidades, y ya casi todo el sector público está cubierto por ese sistema de información sobre las finanzas. Es importante desde dos puntos de vista: primero, para la toma de decisiones. Permite saber con qué recursos se cuenta, cómo se canalizan, permite el seguimiento. Pero por otro lado también facilita la evaluación desde la perspectiva de los ciudadanos, los centros de investigación, los grupos políticos. Eso creo que es algo en lo cual Guatemala está muy adelantada. De hecho, cuando vino una misión del Fondo Monetario Internacional nos dijo que estaba entre los países más avanzados de América Latina.

Eso del SIAF se complementó ahora con su vínculo con el Sistema Nacional de Inversión Pública. Eso lo dejé encaminado, pero no lo pude ver en la práctica. Permite tener un monitoreo del tema de los proyectos de inversión pública, que es una de las fuentes mayores de corrupción. Todavía se está comenzando a aprovechar, pero yo sí lo veo como un instrumento fundamental para evitar sobre todo los abusos en el Congreso y los Consejos de Desarrollo. Se tendrá que ampliar. Será necesaria una lucha. Pero ya lo hay.

¿También abarca los consejos de desarrollo?

Tiene que abarcarlos. No sé si ya los incluyeron, pero la idea es que los cubra. Luego está la Ley de libre acceso a la información pública, que se aprobó en el 2008. Eso no muchos países lo tienen. Ojalá hubiera esa transparencia en el sector privado... Bueno, no esa, porque no tienen que rendir cuentas por su propia actividad privada aparte del respeto a la ley, pero por lo menos en relación a su vínculo con el sector público, sí deberían hacerlo. Ahí se avanzó en reformar la Ley de Contrataciones. Entre las medidas a favor de la transparencia está también el certificado o constancia de disponibilidad presupuestaria, algo que exigimos desde el 2009. Sirve para evitar el crecimiento de la deuda flotante y establece que los responsables del ámbito financiero pueden ser despedidos o sujetos a procesos judiciales si no lo cumplen. Creo que no fueron avances suficientes, pero sí se aprobaron reformas. Eso fue en el 2009. Todavía es un proceso demasiado lento. Además se logró prohibir que los fideicomisos puedan contratar ONG.

¿Pero eso se ha cumplido?

Entiendo que sí en lo referente a nuevas actividades. Creo que se ha aprovechado para renovar arreglos que ya existían, pero es bastante contundente la disposición que hay. Se logró que Covial se limitara a actividades de mantenimiento. Eso fue una lucha larga que no evita todos los abusos, pero sí acota algo. En materia de medicamentos hicimos algo ahí para tratar de evitar el exceso... Dos cosas: 1) acciones para evitar que los precios fueran muy altos, que hubiera una explicación técnica adecuada de por qué los precios eran superiores a los precios de referencia, y ahí obligamos a que tuvieran que modificarse los contratos. Y 2) mediante un acuerdo ministerial establecimos las exigencias en materia de información requerida a las empresas sobre sus características, sus actividades, para que eso estuviera público.

Con respecto a los medicamentos tuvieron problemas dentro del Gabinete.

No, tuvimos problemas con Gustavo Alejos.

Usted, dice en el libro, le llamó la atención al presidente acerca de que no había derecho de que alguien con ese tipo de conflictos de interés pudiera influir en ese sentido.

Había una presión para que salieran las cosas rápido. Y sugerencias de cómo tratar el tema. No las aceptamos. Y por eso pues lo confronté en esa ocasión. Incluso el presidente me llamó más tarde por teléfono y me dijo que tenía razón. Se moderó un poco.

¿Pero el presidente tomó alguna decisión?

No. Lamentablemente en todo esto la decisión más importante es modificar las juntas de calificación, que son nombradas por las entidades que hacen las compras. En el caso de los medicamentos, el Ministerio de Salud, el IGSS, y el Centro Hospitalario Militar. Lo que el presidente propuso es que él mismo los nombraría para evitar que fueran personas sujetas a presiones. Pero eso nunca caminó.

"Oscura atracción por el dinero"

Hace un momento hablaba de ese otro sector gangsteril, mafioso, que se vincula con la actividad política. ¿Cómo lo hace? ¿Por qué vías?

Especialmente por la vía de obras que son asignadas mediante ciertas empresas que son propiedad de quienes las asignan, de amigos, de familiares. Esto ocurre sobre todo en los Consejos de Desarrollo pero también en otras entidades ejecutoras, como el Ministerio de Cultura o el Ministerio de Comunicaciones.

Y ha mencionado también en el libro, con mucha insistencia, el Congreso. Edelberto Torres-Rivas lo trata en el prólogo: "Bien vista la oscura atracción por el dinero, el fenómeno de la corrupción en el poder legislativo es el mayor obstáculo para las reformas modernizadoras".

Ese es uno de los principales mensajes del libro. El interés privado prevalece sobre el interés público. Ése es el caso de un montón de diputados. Eso lo vimos muy específicamente en relación con un tema particular: el impuesto sobre vehículos. Había diputados con intereses en ese ámbito que se opusieron férreamente a que pudiera aprobarse. Diputados de varios partidos, incluyendo a diputados de oposición.

¿De oposición o aliados?

Ambos. Ése es un reflejo específico, pero creo que el caso más notable es el de las obras. Ahí es donde se reflejaba mejor y también en una lucha entre gasto social y gasto en obra. Ése es un dilema económico que normalmente se analiza en términos abstractos: cómo hay que mantener en equilibrio la inversión en la gente y la inversión en equipo e infraestructura. Hay mucha insistencia en retomar el gasto en inversión física, pero uno no puede hacer abstracción del tema de la corrupción.

Y es ahí donde es más fácil...

Claro, sí. En gasto social no, porque está mucho más reglamentado. Probablemente haya algo, por ejemplo en el nombramiento de puestos y esas cuestiones, pero los límites ahí son más estrechos y la cantidad de dinero mucho menor.

¿Y es en esta dialéctica entre gasto social e inversión física en donde el Congreso logra "capturar" u obstaculizar la labor del Ejecutivo?

Sí, el tema de obras se volvió una de las mayores reivindicaciones de los diputados, desplazando otros temas.

Pero el Ejecutivo cedía...

No necesariamente, porque los propios diputados tenían la capacidad de modificar el presupuesto y ocurrió en el caso de los presupuestos que... A mí me

tocaron dos presupuestos formalmente establecidos:
el que heredamos del gobierno anterior para 2008
(los diputados lo ampliaron rediseñando los fondos
para la inversión), y después en el presupuesto que
propusimos para 2009 también modificaron la composición: redujeron el gasto social y aumentaron el gasto
en obras. Por eso es importante que la rendición de
cuentas no sea sólo la del Ejecutivo. Deberían rendir
cuentas también los diputados. Aquellas modificaciones plantearon muchísimos problemas, dejaron fuentes
de financiamiento incompatibles.

*Yo me refería a otro asunto. Es cierto que el Congreso legisla
y da forma al presupuesto en un primer momento. Pero cuando
el Ejecutivo se ve con menos dinero del que esperaba ingresar,
entra a negociar con el Congreso préstamos, deuda. Muchos
congresistas en ese momento ponen como condición que parte
sea para obra.*
      Sí, sí.

Y el Ejecutivo cede.
      Ahí hay niveles. Yo estuve en la negociación del
presupuesto para el 2010 y un grupo pequeño de
diputados pidió que se aumentara el gasto en inversión.
Y se aumentó. Pero logramos todavía mantener el
gasto social. Hicimos unas reasignaciones... pero hasta
ahí llegamos. Y después teníamos estos mecanismos
que buscaban transparentar el gasto y evitar los mayores abusos. Ahí poder controlar los fideicomisos es
clave. La corrupción se da por pasos.

*El tema de la deuda fue crítico. El gobierno, presionado por
el sector privado, echó mano de la deuda interna a un interés,
aproximadamente del 8% en promedio, que analistas co-*

*mo Fernando Carrera consideran excesivamente alto. ¿Por
qué se manejó así?*

El mercado de la deuda no es un mercado compe-
titivo, con una innumerable cantidad de pequeños
compradores, sino que está constituido por un grupo
reducido de bancos que son los que compran los títulos de deuda, y que se pueden negar a comprar títulos
si el interés que se les paga es muy bajo. Por eso fue
que iniciamos un proceso doble: primero, tratar de
obtener más financiamiento del exterior, con plazos
más largos e intereses menores y, segundo, mejorando
el funcionamiento del mercado interno de deuda,
transparentándolo, estableciendo normas que permi-
tieran aumentar el tamaño del mercado y alargando
plazos. Aunque no logramos reducir la tasa de interés
tanto como pretendíamos, logramos ciertos avances
y, además, logramos alcanzar plazos más largos, de
15 años, por primera vez en la historia.

La acción ¿política?

Hábleme de la descalificación como estrategia política.

Bueno, yo encontré que en muchos casos no se
hablaba directamente de determinada política o acción
gubernamental sino que se buscaba criticar a la persona
que la estaba impulsando o que estaba asociada con
ella. Por ejemplo, como explico en el libro, durante mis
interpelaciones hubo intentos por descalificarme a
mí, como persona, indicando que yo había involucrado
al Instituto Centroamericano de Estudios Fiscales,
del que fui director, en contratos con el gobierno o
que ganaba millones de quetzales, para descalificarme

y sin discutir los programas o políticas que estaba impulsando, como parte del gobierno.

Usted es muy crítico con quienes piensan que basta ser un empresario exitoso, un buen académico o un brillante tecnócrata para ser político. Y dice, si no recuerdo mal, que la política es el más difícil de los oficios. ¿Por qué?

La política consiste en manejar el poder para alcanzar ciertos objetivos, y hacerlo por la vía del convencimiento, del diálogo, de la búsqueda de acuerdos, la comunicación, la conciliación y a veces por la vía de la confrontación, al mismo tiempo que se conoce bien al país, a sus habitantes, a sus deseos más sentidos y a cómo cambian. Son ámbitos de acción que no se aprenden de la noche a la mañana ni en una empresa, una universidad o un organismo internacional, y que además deben combinarse con una visión de largo plazo sobre el tipo de país que se quiere, de cierto conocimiento sobre las políticas y acciones específicas para alcanzar ese país que se quiere, y de sus límites, y de hacerlo en compañía de personas capaces, honestas y dispuestas a sacrificarse. Se trata de exigencias o requisitos mayores a los que normalmente requieren otras profesiones.

¿Cómo describe la composición interna del Gabinete ampliado, con secretarías, etcétera? ¿Y cómo afectaba esa conformación a la actitud del presidente?

(Fuentes Knight permanece callado, reflexivo, cerca de quince segundos. Después arranca:) Había cierta coherencia dada por la importancia que se le asignaba a lo social. Cierta conciencia de que este no era un gobierno de los empresarios, que había cierta autonomía con respecto al sector empresarial. Sin que eso significara que no había diálogo o relación. Y aún cuando había algunos personajes de este sector, aunque no del más tradicional. Pasamos por crisis difíciles como la de Rosenberg. Fue un gabinete que apoyó muy sólidamente al presidente, en particular, pero también a la primera dama y Gustavo Alejos.

Dicho eso, que es lo que aglutina, sí había tendencias muy diferentes. Había una línea más o menos social demócrata en la que estábamos Haroldo Rodas, Luis Ferraté, algunos del *staff* político, Zurita, y yo. No era muy grande el grupo. Luego había otro más empresarial: Meany, Gustavo Alejos, Robbie Dalton. Gente más cercana al partido, como Lancerio, Jairo Flores, pero hay traslapes.

Las discusiones no eran muy profundas en el gabinete.

¿Y eso era síntoma del algo más?
Eh...

O sea, ¿las discusiones se daban en otros lugares menos formales y apropiados? ¿O no se daban en absoluto?
Algunas sí y otras no. Había un consejo de seguridad que se manejaba de manera independiente por el presidente. De ese no sabíamos gran cosa. Lo explico eso en el libro (ríe a carcajadas, porque es alrededor de la quinta vez que me lo advierte). Es que ahí está más pensadito que estar hablando.

Al presidente no lo presenta como alguien dubitativo. Sí reflexivo, pero no dubitativo. Sí oscilante, cambiante, según las influencias del momento.
Influencias y consideraciones políticas de él mismo.

¿Quiénes eran las personas con mayor capacidad de afectar sus decisiones?

No sé si tengo toda la información. Porque hay ámbitos que yo no cubría. Pero yo tenía cierta influencia. Haroldo Rodas tenía influencia. Gustavo Alejos, Sandra Torres. Y creo que dependía un poco del tema también.

El libro incluye un episodio titulado "El Gabinete en la sombra". Habla de los imprecisos mecanismos de coordinación y seguimiento que utilizaba el presidente y de cómo Gustavo Alejos sabía moverse en esa imprecisión, siendo selectivo con lo que merecía seguimiento o no. A Alejos lo describe como un hombre leal al presidente, callado en las sesiones del Ejecutivo o a menudo ausente, lo cual dado su poder ponía "de manifiesto la debilidad del gabinete como instancia de toma de decisiones". "Una de las personas con mayor incidencia en el Gobierno" con un "ámbito de acción política amplio, resultante de una combinación de cuatro factores: tener una estrecha relación política y personal con el Presidente, ser el principal operador del poder ejecutivo ante el Congreso y ante ciertos empresarios importantes…, contar con un monto grande de recursos propios con capacidad y voluntad de destinarlos a fines políticos, y participar en negocios que dependían de las contrataciones del Estado."

¿Por qué tenemos la sensación de que ha sido un presidente que ha tomado decisiones muy incoherentes y que la línea discursiva de este Gobierno ha sido de choque pese a que la línea de actuación ha sido mucho más suave?

Parte de la respuesta está fuera del Gobierno. El hecho de que había esta relación diferente con el sector privado creo que explica en parte eso. No había un acceso directo del sector privado al gobierno. Quiero decir, una participación directa dentro del Gobierno. Un expresidente de Cacif como ministro equis no había. O alguien reconocido por ellos. No manejaban toda la información interna. Esa lejanía relativa se reflejaba en problemas. A veces lo comentamos. Había un grado tremendo de confrontación sin que hubiera medidas que lo justificaran. Creo que eso lleva también al tema de Sandra Torres, que ella sí empujaba con mucha fuerza ciertos temas.

Contra toda racionalidad fiscal, en algún momento, ¿no?

(Se abstrae de nuevo. Pasan cerca de siete segundos.) "En algún momento" tal vez es la clave ahí, ¿verdad? Inicialmente no. Creo que el problema vino tras la no aprobación del presupuesto de 2010. Cuando comenzó a tomar una dinámica de ese tipo sin un respaldo en términos de recursos, ahí sí comenzó a darse.

BLOQUEOS, AMENAZAS

La última vez que hablé con usted le pregunté si había detectado algún nuevo mecanismo para impedir las reformas y me dijo que no. Pero en el libro hay uno: la presión legal contra los mandos medios, el eslabón más débil.

Pero eso no es nuevo.

Al menos no estaba registrado en sus publicaciones sobre el tema.

Ahhh, jajaja. No, pero eso no es para nada nuevo. Llevan a los tribunales a los funcionarios.

¿Pero por qué a los medianos?

Bueno, no tiene por qué ser a los medianos. Aquí ha habido casos donde han llevado a otros. Weymann es un caso clarísimo. Ahí hay un peligro que explico en el libro: mejor hacer lo mínimo si uno siente que le van a caer encima con una acusación. Especialmente si manejar esa acusación implica recursos. A veces son multas, pero a veces es todo el proceso en sí. Eso conduce a minimizar el riesgo o no tomar iniciativas.

¿Y usted tuvo alguna amenaza de este tipo?

No recuerdo alguna ahorita. (Días después me escribirá en un correo electrónico: "sí fui objeto de amenazas de llevarme a tribunales por aparentes delitos. Recuerdo, en particular, que con el vicepresidente y el superintendente de la SAT publicamos una lista de evasores, y tanto el vicepresidente como yo fuimos objeto de procesos que intentaban quitarnos el derecho a antejuicio. Afortunadamente no prosperó y el proceso —iniciado por abogados asociados a uno de los evasores identificados— fue declarado inválido por la Corte de Justicia").

En el libro sí habla de amenazas, pero de otra índole.

Sí, pero no contra mí.

No contra usted y no del sector privado ajeno al Ejecutivo. Vienen de Gustavo Alejos, no recuerdo si por la negociación impositiva con las telefónicas.

No, es por el tema de este acuerdo ministerial que transparentaba las empresas privadas que eran contratadas por el Estado.

¿Cómo sucedió eso?

Aquello fue hacia un viceministro. La posibilidad de llevarlo a juicio por eso y de mantenerlo así eternamente.

La negociación con las telefónicas. Usted dice que se renunció a imponerles un impuesto a cambio de que financiaran la campaña de Sandra Torres. La versión que circula con más fuerza es que al final fue una negociación entre las telefónicas y Gustavo Alejos. ¿Es cierto?

Solamente conozco la primera versión, de una fuente confiable que no puedo delatar, y tampoco lo puedo probar.

12.
Bienaventurados los bancos (porque de ellos será el Tesoro del Estado)

Reportaje, por Enrique Naveda
15 de junio de 2011

Durante los años de la crisis, la banca ha sido un negocio lucrativo como nunca. Mientras en 2009 crujían las finanzas del Estado, los bancos, con alrededor de Q2,500 millones de ganancias, obtuvieron utilidades récord. ¿Fenómenos relacionados? Según un documento del Instituto de Investigaciones Económicas y Sociales (Idies), entre 2008 y 2010 la deuda pública interna aumentó 36% hasta llegar a Q35 mil 769.2 millones. De esa deuda interna, más de Q27 mil millones quedaron en manos de los bancos, que este año recibirán, en concepto de intereses, más del doble de los fondos que ejecutó Mi Familia Progresa en 2010 y cerca de Q130 millones más de los que ha gastado en tres años de funcionamiento.

Según los cálculos de Guillermo Díaz, del Idies, el Tesoro Público desembolsará alrededor de Q2 mil 175 millones este año. Las tres instituciones bancarias más poderosas del país concentran casi el 75% de la deuda pública adquirida por los bancos. El Banco

Industrial, con bonos valorados en más de Q9 millardos, percibirá Q731 millones. Al G&T sus Q7 mil 212 millones le reportarán Q577 millones de interés. Y Banrural obtendrá más de Q300 millones de sus Q3 mil 700 millones en bonos.

A causa de la crisis, los ingresos tributarios del Estado se redujeron entre 2008 y 2011. Pero como consecuencia de los programas sociales, de la reconstrucción de infraestructura y del pago de intereses, los gastos del gobierno se incrementaron. Con urgencia de obtener fondos el Ejecutivo sopesó durante un tiempo varias medidas: desde obtener financiamiento para sus programas sociales adhiriéndose a Petrocaribe hasta la solicitud de préstamos blandos a los organismos internacionales, pasando por la propuesta de un nuevo pacto fiscal que mejorara los ingresos del Estado.

En aquel momento, muchos empresarios protestaron.

De Petrocaribe dijeron que suponía la chavización de Guatemala, a pesar de que incluso países como Costa Rica son miembros. De las reformas fiscales con incrementos en impuestos, en la Junta Monetaria los representantes de los bancos advertían que eran terribles para la economía y que traerían incertidumbre. Y acerca de solicitar créditos a entidades extranjeras, las cámaras patronales mencionaban que Guatemala tenía una estabilidad macroeconómica digna de elogio, con un récord de déficit fiscal por debajo del 1.5%, y que si el Gobierno no quería arruinarla lo que debía hacer era contener el gasto. Al ministro de Finanzas en todos los foros y desde todas las tribunas los empresarios guatemaltecos le pedían austeridad.

Pero la preocupación de Juan Alberto Fuentes Knight —y del Ejecutivo— en aquel momento era otra:

salvar la brecha entre lo que tenían y lo que habían previsto que necesitaban. Como en el resto de países del planeta, sentían que el Estado se paralizaba y, si no había reforma fiscal, al menos tenían la convicción de que la deuda pública estaba para usarla. Todos los países lo hacen –pensaban– especialmente en momentos de crisis, como instrumento para mantener a flote la economía.

Un conocido macroeconomista guatemalteco suele decir que a los empresarios es posible convencerlos de casi todo, pero para lograrlo es necesario hablar su mismo lenguaje: el de los negocios. Entre el sector privado organizado guatemalteco se observa un comportamiento que es casi una ley social. De la misma manera que las cámaras suelen abandonar su oposición a un presupuesto cuando se anuncian más recursos para el Ministerio de Comunicaciones, como sucedió en el año 2009, su reluctancia a que el Gobierno se endeude tiende a desaparecer cuando se anuncia que se trata de deuda interna; o sea, de bonos del Tesoro que pueden comprar los bancos nacionales. Aunque esa deuda, más cara que la externa, incremente aún más el déficit fiscal.

Naturalmente, el Gobierno ya lo había notado, y a mediados de 2009, logró entenderse con el empresariado tradicional en su mismo idioma. Según la investigación de Díaz, entre agosto de aquel año y noviembre de 2010, el Congreso autorizó a que Finanzas emitiera bonos del Tesoro. Primero, Q3 mil millones; después, Q4 mil 500 millones además de Q1,700 millones para cubrir los vencimientos de deuda de 2009; y por último, tras la tormenta Ágata, Q1,680 millones más para la reconstrucción del país.

En realidad, en principio, el año podía haber re-

sultado malo para la banca, pero el negocio con el
Gobierno fue redondo. Salvífico. En un año en que
la inflación cayó, según el Banco de Guatemala, al
0.28%, el punto más bajo en más de un cuarto de siglo, las tasas que se negociaron para los bonos del
Tesoro promediaban el 8% de interés. Una tasa exage-
radamente alta a todas luces, explica el economista
Fernando Carrera.

¿Por qué alta? Para determinar la tasa de interés,
son varios los elementos que a menudo entran en
juego.

Por un lado, el riesgo. Los bonos de Guatemala
son, en el mercado internacional, bonos de riesgo financiero. Sin embargo, el Estado se ha comportado
siempre como un deudor excelente, muy seguro para
sus acreedores, porque nunca en la historia ha dejado
de pagar, y entonces el riesgo que asumen los bancos
al prestarle dinero, al comprarle bonos, es muy bajo
o nulo. Desde luego mucho más bajo que al darle un
crédito al guatemalteco promedio; y no tiene que tomar en cuenta costos de administración.

Por otro lado, está la posibilidad de colocar el
dinero de otra forma para obtener mayores ganancias.
En líneas generales, el negocio de los bancos consiste
en recoger dinero de los ahorrantes y colocarlo en
inversiones o prestárselo a otros individuos o entidades, cobrando un interés por el préstamo. En Guatemala, en 2009 la crisis había golpeado tan duro a sus
principales clientes, los consumidores y las empresas,
que los bancos estaban encontrando cada vez más
dificultades para encontrar dónde colocar sus créditos. A mitad de año, de hecho, el crecimiento del
crédito se situaba en el 6.7% interanual, uno de los
más bajos de los últimos tiempos. Sus opciones de

hacer negocio por ese lado se habían visto notablemen-
te reducidas.

Un tercer elemento, la tasa líder, es la que el Banco
de Guatemala define para guiar las tasas de interés
de los ahorros y los créditos. En 2009, la tasa comenzó
el año al 7.25%. Al noveno mes, había experimentado
siete caídas que la colocaban casi tres puntos por
debajo, en el 4.5%.

GUATEMALA 8 - ESTADOS UNIDOS 0.5

No parecía haber razones para unos intereses tan altos, sostiene Carrera. Por aquellas mismas fechas en
Estados Unidos, compara, la deuda pública se pagaba
a menos del uno por ciento. Y en esas condiciones,
tampoco parecía que hubiera razones para que los
bancos prefirieran cualquier propuesta de reforma
tributaria a que el Gobierno siguiera comprando deuda
interna. En una forma muy evidente, suturar las bre-
chas estructurales de las finanzas públicas con una
reforma fiscal integral supondría para los bancos matar la gallina de los huevos de oro de la deuda interna.

Pero el problema no sólo es ese, opinan en la
Central American Business Intelligence (CABI), Miguel
Gutiérrez y Paulo de León. El problema de todo esto
es más grave y sus repercusiones en la economía van
más allá del hecho de que el negocio de los bancos
con la deuda interna sea un obstáculo para abordar
un problema estructural.

El problema es también para el mismo sistema
bancario, y para sus consumidores.

Por un lado, con un posible efecto de desplazamiento: pese a que los empresarios y los ciudadanos necesi-

tan obtener créditos para hacer crecer sus negocios y su capital, los bancos prefieren financiar la deuda pública del Estado, de menos riesgo y más fácil de administrar, sostiene Gutiérrez. "Para los bancos es mucho más fácil hacer un cheque de 100 millones al gobierno que colocarlos en el mercado. El 38% de los depósitos están sirviendo para financiar el déficit fiscal del Gobierno", asevera De León.

Por otro lado, con la gran diferencia entre los intereses que los bancos les pagan a sus ahorrantes por tener el dinero con ellos y los intereses que cobran a sus clientes por darles un crédito. Esa cifra, según la Superintendencia de Bancos, ascendía en promedio a principios de junio a casi el 12%, pero en algunos bancos nacionales se dispara hasta el 40%.

Miguel Gutiérrez considera que el *spread* bancario, esa diferencia entre los intereses que los bancos pagan y los que cobran, se debe a que la banca guatemalteca "es una de las más ineficientes del mundo": "Los bancos operan con mucho costo, con exceso de agencias, hacen rifas". "Los bonos del tesoro sostienen esa ineficiencia", sugiere Gutiérrez; incentivos perversos para una banca que se siente muy cómoda con su forma de funcionar.

Marco Augusto García Noriega, el presidente del Cacif, integrante del sector azucarero y del financiero, recordó, en una entrevista con *Plaza Pública*, algo que según él a todo el mundo se le olvida: que en 2006 hubo una reestructuración financiera completa. "El hecho de que la banca en Guatemala sea conservadora hizo que no invirtiera en productos derivativos y especulativos, y la reestructuración de las leyes financieras ha permitido que se administren los riesgos de los créditos de la mejor manera posible". Y a modo de colofón, expresó "la banca no vive de los préstamos del gobierno en general; son cosas coyunturales."

Coyunturales, quizá, y también puntuales: las ventajas de disponer de Estado quebrado y expansivo en tiempos de crisis.

13.
EL TRANQUILO REFUGIO GUBERNAMENTAL DE ERWIN SPERISEN

Reportaje,
por Martín Rodríguez Pellecer
24 de noviembre de 2011

En la vida europea de los tres reclamados por ejecuciones extrajudiciales del gobierno de Óscar Berger, Carlos Vielmann, exministro de Gobernación, está en arresto domiciliario y será juzgado en España; Javier Figueroa, exsubdirector de la PNC, pasó del asilo político a la prisión preventiva y a la negativa de extradición la semana pasada en Austria; y Erwin Sperisen, el rubicundo exdirector de la PNC, vive en una de las ciudades más exclusivas del planeta, Ginebra, en la residencia del embajador de Guatemala ante la Organización Mundial del Comercio, su papá. *Plaza Pública* fue hasta la puerta de este último.

Si en el mundo existiera un country club del tamaño de una ciudad, probablemente sería Ginebra. Esta esquina suroeste del lago que comparten Suiza y Francia, de medio millón de personas, fue considerada en 2009 la villa más cara del mundo, es la tercera en el *ranking* de mejor calidad de vida, y constituye uno de los tres centros financieros europeos, "la metrópolis más pequeña", la ciudad de la diplomacia. Uno de los lugares en la Tierra más distintos y alejados de la ciudad de Guatemala.

Erwin Sperisen es aquel pelirrojo de casi dos metros que a sus 34 años recién cumplidos asumió la dirección de la Policía Nacional Civil, en julio de 2004, durante el segundo semestre del gobierno de Óscar Berger Perdomo. Proveniente de una familia acaudalada, cumplió la mayoría de edad y empezó a trabajar como asistente y seguridad del alcalde Álvaro Arzú, fue electo concejal dos veces, se graduó de bombero, fue el encargado del área de jardinería *Limpia y Verde* de la municipalidad y secretario de la juventud del partido unionista antes de llegar, sorpresivamente, a su gran pasión: la seguridad.

"Desde joven siempre me han gustado las armas y por eso he recibido cursos de seguridad ejecutiva y (estuve en) planificación para eventos durante casi seis años. Coordiné la seguridad cuando venían artistas y fue de esta manera como me involucré en el diseño y planificación de operaciones de seguridad", relataba en una entrevista a *Revista D* en septiembre de 2005, quince meses después de haber asumido el cargo.

Los detalles pintorescos de su gestión fueron sus patrullajes para supervisar agentes a bordo de su Harley Davidson, su gorra con la S de Superman, pero su apellido en vez del nombre del superhéroe y su convencimiento de que por medio de prédicas neopentecostales acabaría con la corrupción y el crimen dentro de la Policía. También cambió el color de los uniformes de los agentes a negro con amarillo y colocó de un tamaño mayor los números de cada patrulla, inevitablemente marca Toyota porque las bases de la licitación estaban diseñadas a favor de la importadora de estos vehículos japoneses.

En los dos años y medio al frente de la PNC,
Sperisen Vernon no pudo tener peores resultados.
Entró a la policía con 4,237 asesinatos en el país en
2003 y la entregó con 5,885 en 2006. Casi un tercio
más de muertes violentas. Y a decir de las demandas
en su contra por parte del Ministerio Público (MP) y
la Comisión Internacional Contra la Impunidad en
Guatemala (CICIG), varias de estas muertes fueron
dirigidas por él.

VIAJE/ESCAPE A SUIZA

La familia de Sperisen viene de Suiza. Sus abuelos
paternos llegaron procedentes de Lucerna a Guatemala
hace varias décadas. Su papá, Eduardo Sperisen Yurt,
es empresario, de éxito y muy bien conectado. Dirigió
la Cámara de Industria y comenzó en el gobierno de
Óscar Berger como viceministro de Economía. Siete
meses después, en agosto de 2004, fue nombrado por
segunda vez representante de la misión de Guatemala
ante la Organización Mundial del Comercio (OMC),
en donde se discuten las políticas mundiales sobre
aranceles y cuotas comerciales. Desde entonces combina
una carrera diplomática con cierto prestigio y una
vida en la tierra de sus ancestros.

Durante el tiempo del gobierno de Berger, en
Ginebra también trabajaba la esposa de Erwin Sperisen,
Ana Elizabeth Valdez. También para una misión diplomática. También del Estado de Guatemala; la que
representa al país ante la sede de la ONU en Ginebra.
Fungía como secretaria tercera y Sperisen viajó a los

Alpes en abril de 2007. Salió por amenazas en su contra meses después de haber dejado la dirección de la Policía, después de que el Congreso removiera por medio de un voto de desconfianza al ministro de Gobernación, Carlos Vielmann, días después del asesinato de los tres diputados salvadoreños, que pertenecían al partido de derechas Arena y al Parlamento Centroamericano.

Un sistema de geo posicionamiento satelital (GPS) instalado en las patrullas durante la administración de Sperisen permitió identificar a los agentes de élite que participaron del asesinato y posteriormente capturarlos. Pero en la cárcel de máxima seguridad en Santa Rosa, bajo el cuidado del Ministerio de Gobernación, estos supuestos asesinos materiales fueron asesinados también, "por pandilleros", según la cuestionada versión oficial, con la colaboración de las autoridades.

La vida para los Sperisen transcurría con tranquilidad en Suiza, su otro país, pues cuentan con doble nacionalidad. Intentaron hacer una nueva vida, lejos de todos los males y las tensiones que les había ocasionado el tiempo al frente de la PNC. En un reportaje de *El Periódico* de diciembre de 2008, testigos aseguraron que Sperisen regresó en un viaje de dos semanas a la capital, con un rostro de mirada distinta, el pelo largo, y la barba y el bigote rasurados.

La vena política, eso sí, no lo abandonó. Se afilió al Partido Evangélico del Pueblo de Suiza. Y todo marchaba bien hasta que los factores se alinearon para convertir en realidad la peor pesadilla de Sperisen: el Ministerio Público y la Comisión Internacional Contra la Impunidad en Guatemala (CICIG) reclaman su extradición para ser juzgado por ejecuciones extrajudiciales durante su mandato como director de la PNC.

Viaje/búsqueda a Suiza

Una invitación de la Fundación Friedrich Ebert (FES) a Ginebra para un seminario sobre la Organización Mundial del Comercio se convirtió en la oportunidad para buscar a Erwin Sperisen Vernon para una entrevista sobre las acusaciones en su contra y su nueva vida ginebrina.

Si viviera en una ciudad guatemalteca de 500 mil habitantes en el Altiplano, encontrar al exdirector de la PNC prófugo sería sencillo. En esa parte del país no muchos ciudadanos son blancos, pelirrojos y de casi dos metros, con apariencia de suizos. Allá es un suizo casi promedio. Así que lo más lógico era preguntarle a sus familiares residentes en Ginebra con trabajos en el Estado de Guatemala. Pero su esposa fue despedida de la misión de Guatemala ante la ONU después de que salieron a luz las acusaciones en su contra. Y su papá, el embajador, no respondió a las llamadas ni los correos solicitándole una entrevista. Y las direcciones de las residencias de los diplomáticos es un secreto guardado bajo tantas llaves en las embajadas ante la OMC y la Cancillería y el Ministerio de Economía que no hubiera dado tiempo de solicitarlo por medio de la ley de Libre Acceso a la Información. Pero tampoco era imaginable que en la misión ante la OMC fueran a ocultar cuál es la residencia del embajador Sperisen.

El segundo paso lógico era buscar en la guía telefónica. Hay dos Sperisen registrados en Ginebra. Los

Sperisen Rodríguez y Jean-Claude y Gisele Sperisen. Llamadas, balbuceo mío en francés. Ninguno era pariente de los Sperisen guatemaltecos. Y los segundos sí lo conocían después que su cara salió en un matutino anunciando el pedido de extradición por ejecuciones extrajudiciales. "Y por favor, no piense que somos sus familiares. Ya nos han llamado varias veces y no tenemos nada que ver con ese señor que tiene problemas con la ley en su país", respondió Jean-Claude.

Al final una periodista suiza me consiguió su paradero por medio de activistas de derechos humanos.

Su casa está en la Route de Malagnou.

El resto está al alcance de unos *clics*. Maps.google. com: a dos kilómetros del puente más céntrico de Ginebra.

Ginebra parece un parque, un campo de golf con un lago con yates, niños de tres años con lentes oscuros vestidos con ropa de diseñador, como un anuncio de Polo o Tommy Hilfiger, tiendas de relojes, bancos, anuncios de prendas Louis Vuitton y gente que las compra originales, sol de fin de verano e inicio otoño en septiembre, vida de lujos y clase.

Route de Malagnou. Propiedad privada. Un edificio al fondo y carros nuevos de marcas exclusivas. Muchos apartamentos. Y uno que decía *Familie SPERISEN. Résidence de la Mission du Guatemala.*

Din-don, hizo ritmo el timbre electrónico. Con mi mejor francés pregunté si se encontraba el señor Erwin Sperisen. En su mejor francés, una mujer me respondió que sí y preguntó quién lo buscaba.

—Mi nombre es Martín Rodríguez y soy periodista de *Plaza Pública* en Guatemala —seguí en francés.

—Ah, no está.

—¿Y a qué hora lo encuentro?

—Ah, no sé. No tengo idea a qué hora vuelve.

—Lo quiero entrevistar.

—Ah, no sé.

—Le dejo mi teléfono y mi correo.

—Ok.

Se los di y nos despedimos, cordialmente.

Me quedé en un bar portugués en la esquina esperando a que saliera. Un par de horas. Toda la tarde. Parte de la noche. Y no salió.

Quizás en la tienda de la otra esquina alguna vez lo habían visto. "¿Uno grande, que parece vikingo?", dijo la mostradora. El mismo. "Sí, viene a comprar de vez en cuando, en inglés porque no habla francés".

Entre los grupos de derechos humanos en Suiza, que son los únicos que presionan para que el caso no quede en la impunidad ni allá ni en Guatemala, hay muchos rumores sobre Sperisen. Que si se rapó completamente para pasar desapercibido. Que si está tan delgado que está irreconocible. Que si está listo para escapar por Alemania o Francia. Que si dejó de salir de su casa y ya no tiene dinero.

Fui de regreso al hotel y a mi computadora y llamé a su casa. Me contestó la misma señora. Ahora hablamos en español. Con acento guatemalteco. Le hice las mismas preguntas. Me dio las mismas respuestas.

De momento, Sperisen no respondería a mis interrogantes. Acusaciones que van desde las ejecuciones extrajudiciales sucedidas en el desalojo de la finca Nueva Linda en Retalhuleu el 31 de agosto de 2004, el homicidio del activista social Álvaro Juárez el 8 de julio de 2005 en Petén, las ejecuciones extrajudiciales de los policías sospechosos del asesinato de los tres diputados salvadoreños, las ejecuciones en la toma de la Granja Penal Pavón, hasta otros muchos homicidios en lo que parece haber sido una política de "limpieza social" contra posibles delincuentes, dirigida o consentida por el mismo Sperisen. Y el cuestionamiento de estar viviendo en una residencia que paga el Estado de Guatemala mientras ese mismo Estado lo persigue.

"Soy inocente y víctima de una difamación, de maniobras políticas", dijo el exdirector policial en la única conferencia de prensa que dio en Ginebra, el 30 de agosto de 2010.

ENTREVISTA A QUIEN LE DA COBIJO, EL EMBAJADOR DE GUATEMALA

A falta de respuestas por parte de Erwin Sperisen y en el seminario de la FES en la OMC, no me quedó más que buscar a quien le da cobijo, su padre, el embajador de Guatemala. Se negó a concederme una entrevista cuando la pedí en la misión de Guatemala, así que tuve que buscarlo en el edificio, nada pequeño, de la OMC. Y como esto del periodismo se parece al oficio de ser portero de fútbol, uno apela al trabajo, a la paciencia y a la suerte.

De pronto, en una pantalla apareció: sesión plenaria presidida por Guatemala. Fui al salón, esperé un par de horas hasta que terminó y el embajador Sperisen Yurt fue uno de los últimos en salir.

—Embajador Sperisen, mi nombre es Martín Rodríguez, soy periodista de *Plaza Pública*, de Guatemala, y quiero entrevistarlo.

—¿Sobre aranceles y negociaciones comerciales? —preguntó con una sonrisa, sabiendo que su último recurso sería insuficiente.

—No, sobre su hijo, que está prófugo y en su casa.

—Sobre eso no quiero hablar, no es asunto mío.

—Serán breves las preguntas. Embajador, usted está en una situación incómoda que no buscó porque por una parte usted es un funcionario respetado en la OMC y trabaja para el Estado y por otro lado su hijo Erwin tiene orden de captura internacional, es prófugo, y usted le está dando refugio en la casa que paga el Estado de Guatemala. ¿Qué nos puede decir de esta situación?

—Es complicado porque desconozco lo que usted me dice. Es un proceso legal que es independiente de mi situación acá.

—Es un proceso legal con una orden de captura internacional solicitada por el MP y la CICIG, por una acusación fuerte de ejecuciones extrajudiciales cuando él fue director de la PNC.

—Él ha manifestado que es inocente de lo que se le acusa. Y hay una investigación que se está haciendo en Suiza y no ha producido resultados. Es lo que sé de una relación de padre a hijo.

—En otra relación de padre a hijo, una exfuncionaria, Beatriz de León, está acusada de haber ayudado a escapar a su hijo Roberto, acusado del asesinato de su esposa Cristina Siekavizza. ¿En qué se diferencia el caso de ellos en el que procuran impunidad del caso suyo con su hijo, en el que usted como representante del Estado le da cobijo a un prófugo del Estado?

—Fíjese que desconozco el caso del que me habla, pero le digo que cuando mi hijo salió de Guatemala lo hizo sin estar escapando, pues no tenía ninguna demanda en su contra. Y hay un proceso en el que debe respetarse la presunción de inocencia.

En este momento, el embajador Sperisen, nervioso pero no alterado, pide acabar con la conversación. A finales de septiembre, cuando fue esta conversación, el caso Siekavizza ocupó las portadas de los diarios guatemaltecos y es improbable que Sperisen Yurt no lo conociera.

Eso sí, en algo tiene razón. Las investigaciones suizas en contra de su hijo no avanzan. En agosto de 2010, la fiscalía del cantón de Ginebra accedió a una demanda de organizaciones de derechos humanos, como Amnistía Internacional, para cooperar con la orden de captura internacional solicitada por Guatemala. Aunque no se vaya a proceder a la extradición porque Suiza no extradita a sus ciudadanos a otros países y Sperisen Vernon es también ciudadano suizo.

No obstante, se cumplen los elementos para juzgarlo en su "otro país", pues vive en él, se le acusa de actos que también son delito en Suiza y no puede ser extraditado.

Christoph Tournier, vocero de la fiscalía cantonal, a cargo del procurador Michel-Alexander Graber, respondió que "volverán a contactar al Ministerio Público de Guatemala para que les indiquen cuándo podrán entregarles los elementos de prueba y descargo sobre los hechos denunciados".

Pero parece haber una línea telefónica o electrónica estropeada. Javier Monterroso, asesor del despacho de la fiscal general, respondió que han entregado todo lo que la justicia suiza ha solicitado y esperan los próximos requerimientos.

Así, Sperisen continúa lejos de la justicia guatemalteca. Sus excolegas Figueroa y Vielmann lograron asegurarse de que no serán juzgados en Guatemala y tendrán que enfrentar los hechos de los que les acusan frente a jueces europeos. Posiblemente sea el caso del inquilino de la residencia oficial de la misión del

Estado de Guatemala ante la Organización Mundial del Comercio en Ginebra, una de las ciudades más exclusivas del planeta.

Cuando estaba a punto de cerrar el reporteo para este artículo en Ginebra, un día antes de regresar a Guatemala, abrí la bandeja de entrada de mi correo y me encontré con uno de un remitente con el que nunca antes había intercambiado y que ciertamente no me esperaba:

De: **erwin sperisen** <directorpnc@...>
Fecha: 29 de septiembre de 2011 02:11
Asunto: saludos
Para: <martinpellecer@...>
Martín:

Es un gusto saludarte, espero que tu estadía en Ginebra ha sido placentera y productiva.

El día de ayer por la noche me trasladaron el mensaje de tu intención de comunicarte con mi persona para una entrevista; como tu debes de saber en estos momentos se encuentran abiertas investigaciones; por lo que por recomendación de mi abogado no estaré dando declaraciones que estén ligados a estas investigaciones hasta que se tenga total claridad de las mismas.

Agradezco tu acercamiento y lamento no poder atenderte en estos momentos quizás mas adelante podamos tener una charla.

Un cordial saludo,
Erwin Sperisen.

14.
EL CAMINO DE LOS FANTASMAS

Reportaje,
por Martín Rodríguez Pellecer
16 de agosto de 2011

Ahí estaba el correo. Madrugada de un lunes de mayo. Mi intermediario en Europa se había puesto en contacto con los de WikiLeaks y habían aceptado considerar a *Plaza Pública* como un posible receptor exclusivo de los cables de la embajada de Estados Unidos en Guatemala. Había estado esperando ese correo desde el 28 de noviembre de 2010, cuando salió a luz el escándalo a través de *El País, The New York Times, Der Spiegel, The Guardian* y *Le Monde*, y me puse a escribirle a todos mis contactos en Europa.

WikiLeaks, una organización de periodistas, activistas e informáticos con sede en Londres, había logrado acceder esta vez a 250,000 cables del Departamento de Estado, de los cuales 2 mil fueron redactados por el edificio con acceso más restrictivo de toda la Avenida Reforma y probablemente de los 108 mil kilómetros cuadrados de la República de Guatemala. Documentos de la embajada estadounidense, que tiene tanto poder e influencia que nos sirve a los actores políticos de mediador, de confesionario y de juzgado; embajada que tiene acceso como casi nadie a la información de la que no sale en los noticieros, de la que todos sabemos y nadie escribe en blanco y negro.

"Necesitan pruebas", dijo mi intermediario, cuyo género y nacionalidad, naturalmente, mantendremos en secreto. Pruebas para WikiLeaks de que *Plaza Pública* sí podía ser un medio independiente, pruebas de que habíamos utilizado profesionalmente algunos de los quince cables sobre Guatemala que han sido revelados en www.wikileaks.org, pruebas de que teníamos capacidad periodística y pruebas de que teníamos maneras seguras de comunicarnos. –¿Maneras seguras de comunicarnos? Un Gmail, un Yahoo y un Facebook eran mi arsenal y obviamente no servirían para ganar ni una guerrita de aguas.

Y empezó el camino por el denso bosque de los secretos informáticos. Un bosque tupido, como los de Cobán o de Narnia, que casi no permite ver la luz y en el que uno anda a tientas, siguiendo los pasos de una voz que va dando instrucciones, saltando pruebas más sutiles y complejas que las que uno tiene que pasar para que le den una visa, y respondiendo a interrogantes sin saber que lo son.

Así, nos enviaron el primer código. Un instructivo para bajar un sistema de *chat* encriptado y la invitación para abrir un correo en una página de hackers de izquierda, revolucionarios de esta era, que dedican parte de su tiempo a proteger a los ciudadanos de los poderosos, gubernamentales, militares y empresariales. Estos hackers-activistas le dan a uno instrumentos que encriptan todo lo que uno escribe y se niegan a publicarlo aunque cualquier autoridad se los pida; y ya han sido respaldados por jueces gringos. Con una condición. Queda prohibido usar esta cuenta de email para promover ideologías extremas de derecha, actividades lucrativas o fomentar odios raciales, sexuales o religiosos. Éticos, como debe ser.

Tener la posibilidad de una comunicación electrónica con privacidad para un periodista guatemalteco que empezó a investigar política y corrupción hace diez años suena a quimera. Dado que mi trabajo es descubrir o publicar malos manejos públicos o mañosadas empresariales y políticas, todas mis telecomunicaciones están sujetas a ser intervenidas. Llamadas telefónicas, correos electrónicos, conversaciones cuando mi teléfono está encendido aunque no esté haciendo llamadas, todo lo que no sea papel y pláticas en persona. Se han identificado 17 compañías privadas que interceptan comunicaciones en Guatemala. Y no soy muy especial para recibir este trato tan atento. Es algo diario para muchos colegas y personas que nos relacionamos con esto de los poderes nacionales.

De regreso al bosque informático. Empezaron los *chats* con *Aslan*, que es el nombre ficticio que le daremos a mi contacto de WikiLeaks. Empezaron los interrogatorios, las preguntas sobre mi trabajo, las preguntas sobre *Plaza Pública*, las intenciones que teníamos para publicar los cables, y lo que podíamos hacer para que tuvieran más difusión en Guatemala, pues nuestro www.plazapublica.com.gt era entonces (más) microscópico; ahora tenemos ya casi 7,000 visitantes únicos semanales, que hemos alcanzado sin un centavo en publicidad.

Conversar en un chat encriptado con alguien que no tiene rostro, ni nombre, que es parte de la organización que filtra los 250,000 cables diplomáticos del gobierno más poderoso del planeta, del "Imperio";

que es parte del reducido grupo de humanos que puede saltar las barreras formales de la informática y revisar mis cuentas de correo, de banco, del gobierno, de cualquier empresa... es como hablar con un fantasma.

De hecho, el bosque informático es algo así como el mundo de los espíritus. Uno sabe que está ahí, muy cerca, y que los fantasmas lo están viendo a uno a cada momento y casi adivinando lo que uno piensa, pero que muy pocos pueden tener acceso... sólo los mediums y las personas con energías especiales cuando hay portales abiertos. El bosque informático se parece en eso al bosque de los espíritus. Es irreal. Comunicarse con ellos. Que le respondan a uno. Que le hagan caso a lo que uno les pide. Que sepan que el mejor ron del mundo es de Guatemala. Todo esto es como una película. O bueno, mejor. Porque las películas están obligadas a tener semejanza con la realidad. Y la realidad está exenta de esas formalidades.

Regreso al relato. Vinieron más interrogatorios sobre política nacional y centroamericana, con pocos segundos para responder, alternando inglés y español; siguieron ofertas mínimas de entregarnos 15 cables para ver cómo los manejábamos, siguieron sus silencios de días y semanas. Siempre era de madrugada. Nuestras cuatro de la mañana y sus mediodías. Siempre corriendo, siempre sin prometer nada concreto. Esperando que mi visión de izquierda moderada no fuera a espantar sus aires más revolucionarios. Con *Plaza Pública*, que entonces llevaba dos meses y medio en línea, no ocurrió lo que sí le pasó a *El País* o el *New York Times*, que fueron contactados por WikiLeaks para revelar los cables más importantes de todo el mundo; o a *La Nación*, de Costa Rica; o a *El Faro*, de El Salvador; que fueron contactados para revelar los cables de sus

países. En Nicaragua los dieron a *Confidencial*; pero
en Honduras y Guatemala no confiaban en nadie.
Que confiaran en *Plaza Pública* no lo miraba como la
tarea más difícil. Era cuestión de trabajo y periodismo
serio.

La tarea difícil era cómo llegar a Londres al menor
costo posible. La respuesta era sencilla: con asertividad
y suerte. Y de pronto, el anuncio de un foro mundial
de medios organizado por Deutsche Welle y el Gobierno Federal de Alemania. Y fui a tocar la puerta a la
embajada alemana, que como la estadounidense (para-
dójicamente), siempre apoyan a los periodistas en
Guatemala. Y aceptaron de buena gana costear mi
pasaje trasatlántico. Y de pronto, un correo del Programa Mundial de Medios de la Open Society Institu-
te (OSI) para contarnos que tres meses después de
salir al aire, a *Plaza Pública* le otorgaban un financiamiento para hacer periodismo independiente y que
yo tenía que ir a Londres para firmar el convenio. Y
el permiso de parte de mis jefes, el Consejo Editorial
de *Plaza Pública* y la Universidad Rafael Landívar, para
empezar la travesía que me haría llegar hasta una cita
con los de WikiLeaks y los cables de Guatemala.

Llegué a Londres un martes, digamos que hace
un mes y medio. Me imaginaba estar siendo vigilado.
En persona y virtualmente, por los espíritus y los
otros. En el aeropuerto de Heathrow sabía que no
necesitábamos visa los guatemaltecos, pero la policía
migratoria británica me intentaría obstaculizar la entrada al United Kingdom como lo hizo ocho años
antes cuando iba a Gales y el agente de aduanas me
hizo mostrarle el efectivo que llevaba en la billetera.
Así que llevaba mi carta de OSI invitándome y aseguran-
do que costearía mis gastos.

—And your ticket back home?, preguntó el policía sobre mi boleto aéreo de regreso, sin ninguna sonrisa, y me hizo recordar que siempre, siempre, siempre que intento entrar en Estados Unidos, tengo que pasar por el cuartito de migración.

—Pues lo tengo en Internet, respondí en inglés.

—Pues enséñemelo en su BlackBerry.

—Pues el *roaming* para Gmail es muy caro y no lo pagué, e igual en Europa no sirve.

—Pues no le creo.

—Pues le digo que me regreso el sábado.

—Pues no le creo y es mi palabra contra la suya.

—¿Pues por qué habría de querer quedarme?

—¿Pues por qué habría de creerle que usted se quiere regresar y no se quiere quedar buscando trabajo en Londres?

—Pues porque tengo mucho trabajo en Guatemala y por eso vengo a firmar un convenio para que me paguen por trabajar en Guatemala y vengo a traer unos wikileaks, pensé, pero no dije palabra, asustado de quedarme a las puertas de mi misión secreta.

—Pues lo dejo pasar por esta única vez y le pondré un sello especial para que tenga prohibido quedarse en Inglaterra después del sábado. (Sello que obviamente no existe, pues ya me habían "puesto" uno similar en Washington una vez.)

Logré salir del aeropuerto y estaba en Londres. Metrópolis de 9 millones de habitantes que durante siglos fue el centro del poder mundial y que había cambiado el destino de decenas de países, incluida Guatemala. Desde ahí se decidió financiar en los 1820 a los separatistas centroamericanos para que ganaran las guerras post-independencia y el istmo fuera de cinco paisitos manipulables, según Edelberto Torres-

Rivas. Desde ahí se decidió que Belice se independizara en los 1980 para que los ingleses tuvieran otro paisito del tamaño de Holanda en Centroamérica, sólo que con apenas 300 mil habitantes. Metrópolis ajena, indiferente con un periodista veintiochoañero guatemalteco, que sentía encima toda su paranoia y todos sus prejuicios sobre los aires de superioridad de los ingleses en la historia y en la calle.

El martes mismo firmé el convenio con OSI y empezaba la misión, secreta. Tendría tres días para lograrla antes de regresar el sábado rumbo a Guatemala. El último *chat* había sido el lunes desde otra capital europea y me habían asegurado que el miércoles me darían los cables. Que esperara una señal en el mail encriptado o en el *chat* encriptado. Que estaban muy ajetreados porque sería la audiencia de Julian Assange sobre su prisión domiciliar por un caso absurdo con el que Estados Unidos quiere extraditarlo primero a Suecia y después a Washington.

Había arreglado todo. Un apartamento que un amigo o amiga me había prestado en el centro de Londres –un Londres muy soleado y veraniego distinto a la imagen del Londres lluvioso y sombrío que todos aprendemos en los libros–. Y ahí estaba el miércoles. Ocho de la mañana. *Chat* secreto encendido. Correo secreto abierto. Era cosa de esperar la señal. La misma señal que unos cincuenta periodistas del mundo habían recibido antes que yo. De Centroamérica, sólo la tica Gianina Segnini y el salvadoreño Carlos Dada. Y luego me regresaría a Guate con mucha información y el trofeo. Sólo me quedaba paciencia y no volverme loco de paranoia. Empecé a escribir la experiencia, obviamente a mano para no dejar ningún rastro informático. Ocho de la mañana. Nueve. Diez. Once.

Mediodía. Tarde. Noche del miércoles. Mañana del jueves. Mediodía. Tarde.

Jueves, ocho de la tarde-noche en Londres. La espera es larga, tediosa, impotente. La adrenalina dio paso a la desolación, a la invisibilidad. Pasar horas atado a la computadora con el *chat* encendido, con el correo que recibe impávido las actualizaciones de la página. Son unas veinte horas frente a la pantalla, con pequeñas pausas para salir a comer, con la computadora al hombro y luego sobre la mesa encendida para que no vaya a pasar el momento de la señal. No podía dejar la computadora en casa porque la policía perfectamente podría entrar y robarla. Crédulos ellos de que alguien podría guardar algo tan importante en una laptop.

Treinta horas encerrado en una habitación sin poder concentrarme en nada, sin poder contar esta espera a nadie, sin poder hacer nada para cambiar nada, esperando.

Hasta el martes todo había estado emocionante. Desde el día de mayo en el que mi intermediario me dijo que WikiLeaks consideraría a *Plaza Pública*; se lo había pedido desde diciembre pero le daba miedo intentar contactarnos. Todavía le da. A las escasísimas personas a las que les conté de esto también les daba un poco de miedo. A mí me preocupaba más conseguirlas y que no me fuera a apresar la policía británica. Después de todo, los periodistas sólo somos el medio y no la fuente de la noticia.

En medio del bosque cibernético, anónimo y paranoico en una metrópoli que me es ajena, sentía que estaba tan cerca y tan lejos de ese mundo de los *hackers*, de los informáticos, oculto para los cotidianos que nos sentimos espías viendo el facebook de otras personas.

Estaba todo listo. Había pasado todas las etapas previas. Laptop, cámara, grabadora, tarjetas de presentación, viaje pagado por alguien más para cruzar el Atlántico, boletos de Ryanair, hospedaje en casa de un amigo o amiga, todo.

De pronto, la señal. Se conectó al chat diez minutos. Pero no era la señal que esperaba, no la de la película que estaba viviendo. Me dijo que estaba en Suramérica y que estaba buscando a alguien que me atendiera en Londres. Que en el peor de los casos, me llevarían los cables en la palma de mi mano en Guatemala. No me la creía. Diez mil kilómetros recorridos, decenas de horas de espera, todo planificado a la perfección, y nada. Ni un cable, ni ver a Assange, nada.

Le escribí a mi intermediario de mayo. Me respondió que su contacto me mandaba a decir que tuviera paciencia y que quien me entregaría los cables estaba varado en el sureste asiático o en África. Nunca hay precisiones en esto. No se pueden dejar pistas. Nada de rastros.

Viernes. Tres de la tarde. Siete horas frente a la pantalla. Paciencia de pobre. Impaciencia de adolescente. Paciencia de cazador. Impaciencia de enamorado. Impaciencia de hincha. Paciencia de catenaccio. Paciencia de araña. Paciencia de invierno. Impaciencia de celular, de control remoto.

Volvimos a chatear y los dos contactos estaban fuera de Londres y los que estaban en Londres preparaban la defensa de Julian Assange para el juicio. Pensé en qué lugar podría encontrarlos y le dije que iría ahí. Se acabó el chat. Fui, sin nada que perder en esa metrópoli que nunca quise y de la que estaba harto.

El lugar era lujoso, en medio de un barrio multicultural que no parece aconsejable de noche. Obviamente yo tampoco puedo dejar rastros, ni pistas. Abrí la puerta del local, y pregunté por uno de ellos. Sin que lo llamaran, apareció, me dijo que sabía que me esperaban, pero que no tenía la información. Y me escribió dos contactos en un papel. Era el contacto de Aslan y del mismo contacto que estaba varado en Australia o China o Sudáfrica o Timboctú.

Y así terminó Londres, sin conocer a Julian Assange ni a nadie del equipo de WikiLeaks y sin recibir los cables de Guatemala. De regreso, con las manos vacías y la promesa imposible de que me los entregarían un día en ciudad de Guatemala.

Pasaron varias semanas, tres, cuatro, cinco, seis. Casi no se conectaban al chat, nunca me escribieron al correo. Estaba cerca de perder las esperanzas y mandarlos al carajo. Hasta que otra madrugada aparecieron de nuevo. Me dijeron que alguien de su equipo estaba en Centroamérica. Y que llegaría a mí. Lo hizo así, en una reunión social. Conocía a alguien que yo conocía y me sonrió. Conversamos durante dos horas sobre *Plaza Pública* y Guatemala. Y antes de irse me dio un papel amarillo. Decía algo así, escrito a mano:

Yo soy tu contacto. Aslan me envió. Rompe este papel cuando termines de leerlo. Nos encontraremos pronto. Te contactaré por el mail y el chat que tienes. Lleva tu laptop. Nadie más puede saber. (Y una contraseña enorme de letras y números, que obviamente, no tenía idea dónde ingresar y que al final supe que era su huella dactilar para evitar que impostores se reúnan con gente diciendo que son de WikiLeaks.)

Un par de días más tarde, finalmente un correo en mi cuenta secreta, mi cuenta encriptada, encriptada y virgen. Quedamos en un día y una hora y un lugar. Mi contacto sabía que Sophos no era aconsejable porque ahí tomamos café todos los del mundillo político e intelectual. Me sorprendió su conocimiento de la ciudad, pero supongo que no es difícil pensar que en una ciudad con tan escasa cultura de cafés y conversar, hay pocos cafés que son centro de reuniones. Y me citó en el restaurante menos obvio que podría haber en ciudad de Guatemala. O tan obvio que nadie sospecharía.

Llegó el día. Como buen agosto guatemalteco, con mucha lluvia. Mucha lluvia. Y nubes. Y frío. Y no aparecía el sol. Era como si Londres hubiera viajado a Guatemala con el contacto.

Llegué al lugar. Puntual. Mi contacto, no. Media hora tarde. ¿Pero qué era media hora después de tres días de espera en Londres? Y después de cinco meses de espera para entrar en contacto. Y después de más de un mes de haber vuelto de Londres con las manos vacías.

Llegó y conversamos un par de minutos. Me dijo que le tenían mucho aprecio a Guatemala y que estaban preocupados por la situación nacional. Que les gustaba *Plaza Pública*. Que todos los principales medios escritos les solicitaron intensamente, les rogaron por acceder a los cables, pero que prefirieron a *Plaza Pública* porque ven seriedad, ven independencia y mística. Y el respaldo de la Universidad Rafael Landívar en vez de un grupo de accionistas. Además, la intención de cubrir temas de los sectores marginales y de llegar a los grupos indígenas por medio de radios comunitarias.

Sacó de su mochila un fólder con un memorando de entendimiento, algo como un contrato. Cinco páginas de compromisos por parte de *Plaza Pública* con

WikiLeaks. Compromisos de ética, de borrar nombres de personas que puedan estar en peligro si se publican los cables, de no lucrar con los cables, de no entregarlos a nadie. De saber que esto no crea ninguna relación institucional entre *Plaza Pública* y WikiLeaks. De confirmar que somos un medio de comunicación serio y responsable. Y en la quinta página, un espacio para la firma de Julian Assange por parte de WikiLeaks junto a un espacio para mi firma por parte de *Plaza Pública*. Es como firmar un documento a la par de un fantasma. O firmar un contrato con un fantasma. Un fantasma que es "uno de los mayores enemigos" del "mundo civilizado".

Era un poco surreal intercambiar en una mesa de un restaurante de Guatemala (en persona) con alguien del bosque informático después de estar siguiendo instrucciones durante tres meses de una voz con un teclado. Un teclado parecido al mío y al de los miles de millones de humanos. Y estar escribiendo ahora desconectado de Internet para que no puedan meterse a robar mis documentos. O bueno, quizás no son míos. O sí lo son. Son los documentos que ha escrito sobre mi país la embajada del gobierno de Estados Unidos. Y es una parte de la historia que los ciudadanos tienen derecho a saber, porque al final de cuentas los soberanos somos los ciudadanos. Y tenemos derecho a saber qué hacen los que administran el poder público. Y Estados Unidos administra mucho poder público en Guatemala.

Mientras yo leía atentamente todas las cláusulas del contrato, mi contacto con WikiLeaks —o con el mundo de los fantasmas— tomó mi laptop y me sorprendió su buen español y su torpe mecanografía. Mi contacto bajaba programas en mi computadora, introducía códigos, instalaba software para encriptar conversaciones y evitar que pudieran seguir mis búsquedas on line; tenía ojos y orejas, y voz en vez de letras en conversaciones secretas. Un fantasma que se hacía humano durante unas horas. O un humano que se había convertido en fantasma así como somos humanos que nos convertimos en periodistas o lectores o políticos o papás o hijos. O en héroes de causas perdidas como el soldado Manning que ayudó a los de WikiLeaks filtrando las comunicaciones del Departamento de Estado, y el equipo de WikiLeaks que ayudó al planeta a tener más información sobre cómo funciona una parte de las relaciones internacionales y el poder.

Cuando uno está a punto de recibir en un USB un pedacito del escándalo más importante de lo que va del siglo, uno se da cuenta de lo corta que es la vida en la Tierra. De lo pequeños que somos los siete mil millones de humanos. De recordar que no venimos sólo porque evolucionamos del mono o para reproducir la especie. Recordar que venimos a hacer que cambien las cosas y las personas, a trabajar para dejar un mejor mundo del que encontramos al nacer.

Mi contacto me explicó lentamente los protocolos de seguridad, que empezaban por no guardar nada de información en el desktop de la laptop, para que nadie quisiera robársela. Después, las páginas en donde subir los cables. Las contraseñas. Las señales. Y me entregó un USB con mil cables de Guatemala. La mitad de los que tienen ellos. Los que van desde el 2003 hasta el 2007. Y nos despedimos así, sin más, sin preguntarle yo su nacionalidad o su apellido o su nombre verdadero. Un día más tarde, copié el USB en otros USB y los repartí a varios colegas, y empezamos

a leerlos. Más madrugadas, más desveladas. Más fines
de semanas de trabajo. Y los resultados de estas pes-
quisas en ese mar de documentos lo empezarán a leer
ustedes en *Plaza Pública* (www.plazapublica.com.gt)
a partir de mañana 17 de agosto del año 2011.

© Ingrid Roldán Martínez

Nacido en Guatemala, Joaquín Orellana comenzó su formación musical en la banda del Colegio San Sebastián, estudió violín, piano, armonía, contrapunto y orquestación en el Conservatorio Nacional, y cursó estudios superiores de composición en el Instituto Torcuato di Tella de Buenos Aires, Argentina. Entre sus principales obras, de tendencias idealistas e ideológicas, se cuentan *Humanofonía, Imposible a la X, En los Cerros de Ilom, Sacratávica* y *La Tumba del Gran Lengua.* Fueron premiadas sus composiciones *La Libertad de un Mundo* (Maracaibo, 1982) e *Híbrido a Presión* (Louisville, Kentucky, 1992). Es inventor de más de 30 "útiles sonoros", que emplea en piezas como *Ramajes de una Marimba Imaginaria.* Su filosofía y su práctica musical se resumen en su manifiesto *Hacia un Lenguaje propio de Latinoamérica en Música actual* (1983).

Bestiario del poder de Plaza Pública se terminó de imprimir en el mes de febrero de 2012: **Año Joaquín Orellana**. F&G Editores, 31 avenida "C" 5-54 zona 7, Colonia Centro América, 01007. Guatemala, Guatemala, C. A. Telefax: (502) 2439 8358 Tel.: (502) 5406 0909 informacion@fygeditores.com www.fygeditores.com